ジョン・グレイ博士の「愛される女《わたし》」になれる本

Mars & Venus in Love

秋元 康 監訳

三笠書房

日本の読者へ

本書は、男性と女性の違いを、実際のパートナーとの関係において、どのように受け入れていけばよいのか、新しい、そして前向きな方法で、詳しく紹介するものだ。

しかし、この本で私が何よりも伝えたいこと――それは、互いを「愛し、いつくしむ」ことの大切さなのである。

ジョン・グレイ

はじめに

ふたりの関係に〝愛のひらめき〟をプレゼントします

「そもそも、男は火星人で女は金星人だった……それほど、男と女はものの考え方から話す言葉まで違っている。だから、自分の気持ちはパートナーにわかるように伝える必要があるし、相手の態度を自分のものさしだけで解釈してはいけない」

私が『ベスト・パートナーになるために』（三笠書房刊）で、はじめてこうした考え方を紹介すると、世界中から大反響があった。

男と女の本質を明らかにした本書はベストセラーになり、世界中の多くの読者から感謝の声、手紙が寄せられている。

「男は火星から、女は金星からやってきた」ことを心にとめておけば、パートナーの言葉や態度に傷つくこともなくなり、ふたりの関係をまったく新しい角度から眺められるようになる。

そして、これまでのいさかいは、ただの〝誤解〟だったことに気づき、愛し愛される自信が湧いてくるはずだ。

パートナーとの関係に著しい〝素敵な変化〟が……

私は、心理学者として「男と女の人間関係」をテーマにしたセミナーや講演会を主宰している。

そして講演の最中、会場で熱心に耳を傾けている人たちの顔をじっと見ていると、ある瞬間に、まるで電球が灯《とも》るようにパッと表情が明るくなる人がいる。

その時、その人の心の中では大きな、そしてとても素晴らしい変化が起こっている。この瞬間、その人は「今までふたりの何がいけなかったのか」に気づき、また「これから何を変えていけばいいのか」がひらめいたのだ。

それは、まったく新しい自分が誕生した瞬間とも言える。

女性はある男と親しくなると、「彼は私のしてほしいことがわかるはず」と考える。

一方、男がひとりの女性を好きになると、「彼女は自分と同じ反応をするだろう」と思う。

確かに、私たちは誰かと親密になればなるほど、「相手のことなら何でもわかる」と誤解しがちだ。

しかし、男と女はあくまでも「違う星からやってきた」ほどに考え方、感じ方が違う。そこを忘れてしまうから、お互いに傷つき、怒り、最悪の場合にはふたりの間に亀裂《きれつ》が生じてしまうのだ。

彼はなぜ、こんなことを言うの？　あんなことをするの？

「男と女の誤解」は、お互いの論理を知らないことから生じるケースがほとんどだ。

たとえば、女性は大切にされているということを実感するのに「言葉」が必要なのに、男はそれを「態度」で示すのが誠実だと考える。

確かに、それぞれの言い分は「女の論理」「男の論理」では間違っていないが、いい関係を築くためには、この二つの論理をきちんと理解する必要がある。


男があなたを大切にしようと必死に努力していることがわかれば、心のもやもや、いらいら、そして失望は雲が晴れるようにさっと消えるだろう。そして、男がなぜあんな行動をとったのか、そんな言葉を口にするのか……といったことも理解できるはずだ。


ふたりの関係は、ほんの少しお互いが賢くなれば素敵に変わっていく。そして、明日に夢や希望がわいてきて、相手に対して寛大な気持ちになれるものだ。

私は、この本を手にしてくれた読者が、あの〝ひらめき〟を手にしてくれることを願ってやまない。

そのために、本書では私がこれまでに出会ったカップルたちの体験をたくさん取り上げることにした。

なぜなら、いろいろなケースを知ることで、客観的に〝自分の位置〟を確かめられるからである。

「精神的に自立すること」で素敵なパートナーシップが生まれる

精神的に自立している人は、素晴らしい人間関係を築くことができる。自分の人生に満足しているから、相手の生き方や価値観も同じように尊重することができるのだ。換言すれば、ひとりで生きていける心の強さがあるから、誰かと力を合わせて生きていくことの素晴らしさがわかるということになる。

「もう私たちはダメかもしれない」と一度は別れを決意したカップルでも、私の本を読み、また講演を聞いたことで、「もう一度頑張ろう」と勇気を奮い起こしてくれることがある。そんな彼らの言葉には嘘やごまかしがない。

男と女は、どんなに愛し合っていたふたりでも、関係が突然に終わりを告げることがある。しかし、ただいたずらにそのことを嘆いているだけでは先へ進めない。

いったい、ふたりには何が欠けていたのかを、真剣に、そして冷静に考えてみる必要があるのだ。

そして、その経験は決して無駄にはならないだろう。この次に、必ずよりふさわしい相手にめぐり逢う一つのステップになるはずだ。

相手、または自分の過ちを笑い飛ばせるようになれば、怒りは収まり、あなたは優しさと思いやりの気持ちを取り戻せるだろう。


この本をどのように読むか、それはあなたしだいだ。

しかし、これから始まるいくつもの〝愛のサクセス・ストーリー〟を読むことが、あなたとパートナーにとって、かけがえのない経験になることだけは保証しよう。

つきあい方のどこをどう変えたらいいのか……あなたが「愛される女」になるために役立てば幸いである。

もくじ

1章 「感謝してほしい男」と「大切にされたい女」

……なぜ心がすれ違うのか、愛が深まっていかないのか

2章

「愛される女《ひと》」にはこんな理由がある

……〃男のプライド〃を上手に満たしてあげているか

3章

男は女にこんなことを望んでいる

……「ふたりのこと」がすべてプラスの方向に動き出す心理法則

4章

愛を深める「ひとりの時間」の磨き方

……「自分の時間」を楽しむと「ふたりの時間」も満たされる

5章

あなたはどこまで相手を許せますか？

……〝つらい時期〟を乗り越えてこそ永遠のパートナーになれる

6章

どうすれば「男と女」はわかり合えるか

……〝愛する自信〟〝愛される自信〟がわいてくる究極の法則

1章

「感謝してほしい男」と「大切にされたい女」

……なぜ心がすれ違うのか、
愛が深まっていかないのか

「あなたって、私のことが全然わかってないのね」

「まったく、君の言っていることは理解できないね」

これまでにパートナーとこんな言い争いをしたことがないだろうか。

自分の気持ちがわかってもらえないもどかしさを感じるのは、つらいことだ。「こんな思いをしているのは自分だけなのでは……」とフラストレーションがたまり、落ち込んでしまうこともあるだろう。

しかし、男が女性をやりこめるようなことを口にしたり、信じられない行動をとるからといって、また女性が男の世界に土足で入っていくような行為をするからといって、パートナーのことを無神経だと決めつけるのは早計だ。

そもそも、男と女は「違う星からやってきた」ほど、思考回路と行動パターンが違う。

だから、男と女がわかり合うには、ちょっとした〝テクニック〟が必要になる。

「どうして、わかってくれないの?」と一方的に相手を責めても、男と女の深い溝は埋まらない。

男女の価値観の違いを知り、不毛な気持ちのすれ違いを一つずつ解消していくために〝賢い努力〟をしていくことが必要だ。

男には「自分だけの世界」に閉じこもる時間が必要

女が男を理解できない原因の一つに「彼が急にだんまりになって、話しかけても返事もしてくれない」というのがある。いくら女性が相手をこちらの世界へ引っ張り出そうと頑張っても、不機嫌な様子で心を固く閉じてしまう……。

男というのは、時には自分だけの世界に閉じこもることが必要な生き物だ。何か問題を抱えた時に、男はひとりで解決しなければ気がすまず、そんな時に自分の世界に閉じこもってしまうのだ。

これを知らない女性は「私が何か気にさわることでも言った?」「どうしたの、具合でも悪いの?」と問いつめ、ますます彼の気持ちを遠ざけてしまう。

女性は男が自分の世界に閉じこもっていても、「自分が悪いわけではない」ことを覚えておかなくてはならない。

そして彼が「自分の世界」に逃避行している時には、彼をそっとしておいてあげることが大切なのだ。

ネルの話を聞こう。

「スチュアートは沈思黙考型。まさに火星人そのもののような人です。以前は、彼の考えていることがまったくわからなくて、私はとても不安でした。だから、彼が黙っていると、『どうしたの?』『私で力になれることがあったら言って』と質問攻めにしていました。

でも、彼は相変わらず何も話してくれないから、私のひとり相撲になってしまい、本当にさみしい思いをしていました。私の何かが間違っているのはわかりましたが、その『何か』がわからないし、なぜ彼が口を閉ざしているのかもわからないから、自分が変わろうにも変われなかったし……。状況は悪くなるばかりでした。そのうちに話もしなくなってしまったのです」

〝質問攻め〟は男の気持ちを遠ざける

この手紙を送ってくれたネルは、多くの女性と同じで「男には自分の世界に閉じこもる時間が必要」ということを知らず、自分の〝質問攻め〟がいかに彼の気持ちを逆なでしているかに気づかないでいた。

私のカウンセリングを受けるまで、必死で「彼の口を開かせよう」としていたことが逆効果になっていたとは、夢にも思っていなかったのだ。

あなたも、しっかりと頭にたたき込んでほしい。女性特有の〝思いやり〟は、こういう時の男にとって〝暑くるしい〟だけなのだ。

けれど、彼のことをそっとしておいてあげ、あれこれと働きかけないようにすると、男はだんだんと自分を取り戻し「自分だけの世界」から戻ってくる。そして、以前より優しい彼になっているのだ。

ネルが男の心理を汲《く》み取れるようになると、スチュアートも自分の世界に閉じこもっていない時には、以前よりも彼女に気を遣ってくれるようにさえなっていった。その変身ぶりは、彼女にとってはまるで〝魔法〟のようだった。

もし、「男と女は違う星からやってきた」という事実を知らなかったら、いまだにふたりは気まずい沈黙の中で緊張した毎日を送っていたに違いない。


彼が「だんまりモード」に入った時には、そっとしておくのがいちばん。

男にはひとりの時間が必要。

話を聞いてもらうだけで、女はこんなに幸せになる

男と女は、悩み方のスタイルがまったく違っている。男は、何か大きな問題にぶつかると自分の世界に閉じこもって無口になるが、女は抱えている問題を言葉にすることで解決の糸口を見つけようとする。

女性は何かを考える時に、内向的になることはあまりない。聞き手に向かって話を

しながら、自分の気持ちと考えを整理していくのだ。しかも、女性は「話を聞いてもらった」「相手と共感できた」ということに何よりも深い満足感を覚える。

だから、女性は自分の悩みを聞いてくれる男に深く感謝する。また、女性は必ずしも解決策を求めて相談をするわけではない。女性自身も気づいていないことが多いのだが、「ただ話を聞いてほしい」から相談をするのだ。

チャックの話を聞いてみよう。

「女性は自分の話に口をはさまずに聞いてもらいたいと思っている……これは僕にとって大発見でした。人間関係でいちばん大切なのはコミュニケーションということは、百も承知でした。何といっても僕は『コミュニケーションの達人』、ラジオ番組のインタビュアーですから。なのに、なぜこれまで彼女とうまくコミュニケーションがとれなかったのでしょう?

それは、僕が男性諸氏の例にもれず、彼女の問題を解決することしか考えていなかったからです。彼女が悩みを話し出すと、いつでもすぐに『僕だったら、こうするね』とか、『そんなんじゃダメだよ』と割り込んでいって、彼女の問題を解決してあげたつもりになっていました。

もちろん、それも彼女を愛していたからなのですが、今思い返すと、彼女が不機嫌になっていったのも、うなずけます」

女の〝感情的な訴え〟を男にそのままぶつけない

男は、女性に「ただ聞いてくれるだけでいい」と言われても、自分が彼女の悩みを解決してあげなければ、と思い込んでしまいがちだ。

しかし、チャックの彼女は、ただ黙って話を聞いてほしいと思っていた。彼女は前からそのことを口にしていたが、彼にはその本当の意味がわかっていなかった。彼女が反論しようとすると、ますます躍起になって説得しようとしていた。

これでは、永遠にわかり合えるはずがない。


男は、女性が感情的になって何かを訴えてくると、彼女のこんがらかった頭の中を整理して、気持ちを楽にしてあげたいと腕まくりし始めるが、女性が何よりいちばん悩むのは、そうした男の態度なのだ。

チャックはこのことを理解してから、ただひたすら彼女の言葉に耳を傾けることに徹した。もちろん、解決策などいっさい持ち出さずに。

すると彼女は「あなたは私のことをよくわかってくれて、うれしいわ」と感謝するようになったのだ。

彼に話を聞いてもらいたい時は、

「話してすっきりしたいから、ただ話を聞いてもらえる？」と頼もう。

男の抵抗に合わず〝女の希望〟をかなえる方法

ふつう、男は「自分の力でどれだけのことが達成できたか」にプライドをかけるものだ。そのプライドの高さと、それをないがしろにされた時の怒りや落胆は、女性の想像をはるかに上回っている。

そして、男は他人（特に女性）から指図を受けることを極端に嫌う生き物だ。たとえば、女性はお稽古ごとなど人に教わることが大好きだが、男は人に教わったり、指図されたりするのをよしとしない。

しかし、そうは言っても、女性も彼にしてほしいことが出てくる。

そんな時、「たまにはあなたから電話してよ」とか「くつ下を脱ぎっぱなしにしておかないでと何度も言っているでしょ」とヒステリックに騒いだり、ただやみくもに要求したりしては逆効果だ。

お互いが嫌な気持ちにならずに目的を達成するには、〝テクニック〟が必要だ。男の抵抗に合わず、希望をすんなりとかなえる方法はある。

フィリップとの関係に少々うんざりしていたマージは、こんな話をしてくれた。

「フィリップとは倦怠期《けんたいき》の真っただ中でした。彼のことを考える時、いつも頭に浮かぶのは、『なぜ、いつも私ばかりが、ふたりの関係をよくするために心を砕かなくてはいけないの？　もう私のできることはやりつくしたから、今度は彼が変わる番だわ』なんてことばかり。

でも、ある日、私はもう彼のために何かをするのも、私のために何かしてほしいと頼むのもやめました。彼を変えなければという執念も捨てて、次の日からの一カ月間は〝自分のしたいことをする月間〟と決めて、私の方からはあまり連絡を入れないようにしました。

するとと、彼の方から『今日は一日、何してたの?』なんて電話をしてくるではありませんか!

私は喜んで話をしました。でも、私から彼の一日について聞くことはしませんでした。そうしたら数週間後には、彼が自分から一日にあったことを話すようになったのです」

愛が深まる〝魔法の媚薬〟とは?

その一カ月間、彼の部屋に遊びに行っても、ちらかった古い雑誌や新聞、汚れた食器にも彼女は手を出さなかった。すると、シンクいっぱいにたまった洗いものや、床に散乱していた雑誌、新聞なども自分で片づけるようになったのだ。

それまでは、まるで母親のように彼のあとをくっついてまわって世話を焼いていたが、マージの「自分のことを優先」する戦略は、どうやら効果てきめんだったようだ。

そして、ふたりの関係で大切なのはアフターケア。彼が何かを自主的にした時には、必ずほめたり、感謝の言葉をかけたりすることが肝心だ。

当然、片づけ方がいま一つだったり、見当外れなことをしたりするかもしれない。そこは堪《こら》えどころだ。「そうじゃなくて……」と口にする前に、笑顔でこう言ってみよう。

「まあ、なんてきれいになったの！」

この〝感謝のひとこと〟は、まるで魔法の媚薬《びやく》のような効果を発揮する。

このひとことを聞いた彼は、「彼女にほめられた」ことでプライドをくすぐられ、優しい気持ちになる。

パートナーとの問題がいかに複雑であっても、案外簡単なことで解決してしまうことは多いものだ。そのためには、こうした感謝や励ましのひとことを惜しまないこと。

そうすれば、パートナーは大きく変わるのだ。

しかし、最初から何でも自分の思いどおりになると考えてはいけない。自分が変わり、相手も変化するには時間がかかるからだ。彼が自分の世界に閉じこもって、何日も出てこないこともあるかもしれない。

でも、こうした気遣いを重ねていけば、彼が自分の世界から出ている時には、ふたりの関係は幸せそのものになるだろう。

一度は心が離れていった関係が、ふたたび輝き始める——これはかけがえのないことだ。

「彼に頼むより自分でやった方が早いわ」という気持ちや、「どうして、こんなことくらい、してくれないの?」と彼を責めたくなる気持ちを抑えるのは大変なことだ。

でも、それでふたりの愛が深まるなら、努力してみる価値は十分にあるだろう。

男は〝プライド〟の生き物。
彼女から感謝されるだけで〝男らしい気分〟になれる。

互いの「生き方」から男と女が学べること

男と女の違いを理解することは大切だが、無理にお互いの生き方に合わせたり、妥協したりする必要はない。

アメリカでは、一九八〇年代に〝男女平等〟ブームがあった。

しかし平等とは、女性が肩肘を張って男と同じように働くことでもなければ、男がエプロン姿で家事や育児をすべてこなすことでもないはずだ。

本当の平等とは、男女が違う存在であることを受け入れ、互いを尊重し合うことなのだ。

男と女は、すべて同じになる必要はない。どちらが優れていて、どちらが劣っているという議論でもない。男と女は違うからこそ、それぞれの生き方から学ぶことがあり、美しく調和することもできるのだ。

私たちは、男と女が違った存在であることを忘れがちだ。でも、男と女には、それぞれに〝歩むべき道〟があるはずである。

あるがままのパートナーを愛することができれば、あるがままの自分を受け入れ、愛せるようになる。それこそ、ベスト・パートナーになるための〝はじめの一歩〟なのである。

男は女の〝わけ知り顔のアドバイス〟に耐えられない

「男と女は違う」ことを知っている男は、自分の生き方に自信を持っているので、女性の生き方も尊重でき、彼女の話にただ耳を傾けることもできる。

そして、愛される女性は、「彼に聞いてもらうテクニック」をきちんと身につけているものだ。

そのテクニックとは、彼が話している時に、下手なアドバイスはしないことだ。

男は、女性が〝わけ知り顔〟でアドバイスしてきたり、怒ったり、軽蔑したりしなければ、相手の話にきちんと耳を傾けるものだ。しかし、多くの女性がこの真理に気づいていない。

お互いが話をする時に真摯《しんし》な態度を見せれば、信頼の絆が芽生えるということを覚えておこう。

そして、信頼の絆さえあれば、たとえ男が自分の世界に閉じこもっても、女性は安心していられる。そっとしておけば、いつか自分から出てくると思えるからだ。

男も、自分にはひとりの時間が必要なことを女性にあらかじめわかってもらえれば、安心できる。

男と女の違いを理解することがお互いの信頼につながり、そのことによって大きな安心感が生まれ、そしてふたりの愛が深まる……これは男と女がいい関係を築いていくための基本的な前提だ。

だからこそ、毎日の生活の中で地道に、忍耐強く、パートナーとの賢いコミュニケーションを実践してもらいたい。そうした努力のリターンは、あなたが考えている以上に大きなものになるはずだ。

〝ふたりの関係を深める時〟の注意点

先日、私と妻は、フレッドとメアリーの素晴らしい結婚式に参列した。彼らの関係の築き方は、結婚を考えるすべての男女に参考になる点が多い。

きちんと〝手続き〟を踏んだ関係は、そうでない関係に比べて恋の成就率が高いからだ。

「私は、友人の結婚式でメアリーと出会いました。とても素敵な女性だと思ったのを覚えています。彼女は美しくて、知的で、高貴な雰囲気に包まれていて……とても魅力的でした。しかし、まだ運命の赤い糸は感じませんでした。

彼女と再会したのは、それから一年半も過ぎた頃。あるパーティーで、ばったり再会したのです。

そのパーティーでも、彼女は会場で最高に輝いている女性でした。その時は、小一時間も話をして、連絡先を聞きました。そして二週間後、私は彼女をビリー・ジョエルのコンサートに誘いました」

その夜、フレッドは彼女に言った。

「今夜は君と一緒にコンサートに行くことができて、とても楽しかったよ。またデートに誘ってもいいかな?」

「私も楽しかったわ。でも、私はゆっくり時間をかけて、あなたとおつきあいしていきたいの。だから、デートをするのはかまわないけれど、あまりはじめから関係を急ぎすぎるのは嫌なの」

「関係ってどういう意味かな? 手を握ったり、抱きしめたりしてはいけないというのなら、そいつは大変だ。でも、すぐにセックスをしないということなら問題ないさ」

「そういう意味よ。わかってくれたのね」

彼らは握手し、微笑みを交わして、はじめてのデートを終えた。

それからのふたりは、「つきあいの設計図」とでもいうべきものをつくって、慎重に関係を深めていった。

じつはその頃、彼は彼女以外にもデートをする女性がふたりいたのだが、しだいにメアリーこそ、自分のそばにいてほしい女性だと心から思うようになっていったのだった。

でも、ふたりがはじめてキスをしたのは、初デートから四～五カ月後のこと。

恋の始まりからプロポーズに至るまでの五つのステージ――「惹かれ合う」「この人でいいの？　と心が揺れる」「相手をひとりに決める」「親密な関係になる」、そして「プロポーズと婚約」（くわしくは『この人と結婚するために』〈三笠書房刊〉を参照）を確実に踏みながら、しばらくして体の関係になり、結婚を決めたのは、それからさらに一年後のことだ。

彼は、彼女とつきあう中で、つい彼女にコメントしたくなる気持ちを抑えて話を聞いてあげ、彼女の気持ちを尊重した。彼女はそんな彼を信頼し、「この人なら」と気持ちを高めていけたのだ。

じつは、彼はメアリーと出会う前に一度、結婚に失敗していた。その経験からも、女性の気持ちを尊重してリラックスさせてあげ、抑えつけずに聞くテクニックを身につける必要があるということを、身をもって理解していたのだ。

〝長続きする関係〟に必要なこと

一緒にいて心から安らげ、ありのままの自分を見せられる相手は、本当にかけがえのない存在だ。そして、そのパートナーがいなくても、あなたが立派に自立して生きていける、充実した毎日を送ることができると確信しているなら、ふたりの関係は長続きするだろう。

一個の人間として自分をしっかり持っていることは、パートナーとのいい関係づくりには欠かせない。

だから、パートナーと一緒にいることを望むのは経済的、精神的に相手に寄りかかりたいからなのか、それとも本当に相手と一緒に歩んでいくことを望んでいるからなのかを十分に考える必要がある。

メアリーは、私にこんな話をしてくれた。

「私は五歳の時からボーイフレンドがいないことはなかったくらい重症の〝恋愛依存症〟でした。

でも、ある日そんな自分にむなしくなって、まずはパートナー探しよりも自分探しをしようと決心しました。自分でコンドミニアムを買ったり、ひとりでアメリカ中西部を旅したり、いろんなジャンルの音楽を聞いたりもしました。〝本当の私〟って、いったい何だろうと、いつも自分に問いかけながら。

そうするうちに、自分というものが、おぼろげながら見えてきたのです。『これは好き、これは嫌い。これはＯＫ、これはＮＯ』と。恋もしました。でも恋愛にのめり込んで自分を見失うことはありませんでした。生まれてはじめて、自分自身を大切にする余裕があったからです」

〝男の付属品〟にしかなれない恋から抜け出す方法

こうしてすっかり自尊心を確立したメアリーは、友人の結婚式でフレッドに出会ったのだ。

彼はとても懐の深い男性で、決して関係を急いだり無理強いしたりせず、彼女の気持ちを尊重した。

メアリーにとって、フレッドは自分の話にじっくり耳を傾けてくれたはじめての人だった。彼のおかげで彼女は〝恋愛依存症〟を再発せずにすんだ。だからこそ、自分の過去の恋愛経験を冷静に見つめる余裕もできた。

彼女は心の底から誰かに愛されたかったこと、相手が望むような女性になるためなら何でもしていたこと——つまり自分自身を見失っていたことを自覚できた。

それまでの彼女は、自分には何が必要か、自分とは何か、さらには自分がどのような好みを持った人間なのかということすら考えていなかった。そんな状態で男性とつきあっても、尊敬し合える関係に成長していけるはずはなく、彼の〝付属品〟になるのが関の山だ。

そして、彼女はそれでは自分が惨めになるばかりだということに気づくことができたのである。

自尊心の確立していない人が恋愛や結婚をしても、相手の〝付属品〟にしかなれない。

男と女の関係を台なしにする「心のインフルエンザ」とは

男と女は、「彼女はすごい美人だな。でも、気が強いから九十点ってとこかな」とか、「彼は優しいんだけど、ちょっと頼りないから七十点ぐらいかな」など、お互いに心の中で点数をつけ合っている。

やっかいなのは、パートナーに点数をつける時、本人は点数をつけていることにまったく気がついていないことだ。

しかも、人間は自分は甘く採点しがちなので、相手との点数の差はどんどん開いていき、「私はこんなに頑張ってるのに……」と相手への怒りが頭をもたげてくる。

そして、マイナス点がたまりにたまると、怒りというウイルスが原因で「心のインフルエンザ」にかかるのだ。

だから、ふだんから〃怒りのインフルエンザウイルス〃にかからないように、心を健康に保つ必要がある。

些細《ささい》なことでたまった怒りがせっかくの関係を壊しては、もったいないことだ。そうなる前に手紙でも話し合いでも、手段は何でもいいから、とにかくお互いの気持ちを確かめ合う必要がある。

そうすれば、ちょっとした〃ボタンのかけ違い〃が〃致命傷〃になるのを阻止してくれるのだ。

しかし、くり返すが、女性が話をする時は、「声に出して言う」ことによって気分を晴らしているのだから、男は彼女を責めてはいけない。そのことがわかれば、男は女の話を怒らずに黙って聞けるようになる。

男には些細に思えることが、女性にとってはとても大切なことがある。また、その逆のケースも、もちろんある。

心にため込んだ怒りは、愛する能力をにぶらせていく。くれぐれも、心のインフルエンザにかからないよう注意してほしい。

ちょっとした〝行き違い〟を癒すラブレターの書き方

そして、もしもふたりの間にちょっと行き違いがあるな、相手を恨めしく思っているなと感じ始めたら、パートナーにラブレターを書くことを私はすすめている。

「今さら、ラブレターなんて……」とあなたは思うかもしれない。

しかし、ただ相手を喜ばせるためだけではなく、お互いがいいパートナーになるために書くラブレターには、相手の心を開かせる不思議な力があるのだ。

しかも深い愛情のこもったラブレターには、傷ついた心を癒す力もある。だから、ラブレターを交わし合ううちに、ふたりの間にはいくつもの「うれしい変化」が表われるのだ。

たとえば、あなたが仕事から疲れて帰ると、彼が隣に座って「今日は一日、どうだった?」とか「最近、会社の人間関係はうまくいってるの?」と聞いてくれたりする。

これこそ、まさに「愛されている自分」を実感できる瞬間ではないだろうか。

こうなれば、愛の海面はふたたび上昇し、お互いに〝からい点数〟をつけ合うこともなくなる。余計なストレスや怒りをため込まずにすむようになる。

理解されている安心感があると、女性はみるみる自信を取り戻し、輝き始める。素直な自分を取り戻せる。

すると、彼との関係にもふたたび希望が出てくるのである。

2 章

「愛される女《ひと》」には こんな理由がある

……〝男のプライド〟を 上手に満たしてあげているか

女も男も、言葉で考えを伝えたり問題を解決したりする点は同じだ。ところが、女性は、自分の考えを探る手段として、また頭の中を整理するために、自分の気持ちを口にすることがある。

つまり、女性にとって「話すこと」は、気持ちを晴らすための最高の手段なのである。

男は女の〝感情の炎〟を消したがる

しかし、男にはこのような女の話し方は理解できない。なぜなら、男は基本的に言葉を「自己主張や説得の手段」と考えているからだ。

男は問題について話している時、解決法を探している。だから、女性が自分の気持ちや問題について話し始めると、男は聞き手として解決法を考えてあげ、気持ちを楽にさせてあげるのが自分の役割だと考えてしまうのである。

女性が悩んでいると、男は緊急出動した消防士のように、一刻も早く彼女の感情の炎を消そうとする。解決策を示すことで、男は彼女の炎を静めようとしているのだ。でも、これでは女性の不満は高まるばかりである。

女性の話に口をさしはさまず、熱心に耳を傾ける……これこそ女性が男に求めていることだ。解決策を出して女性を黙らせようという強い思いを抑えることで、ふたりのコミュニケーションがうまくいくようになったという話を、私は多くの男性から聞いている。

女性の「自分の話を聞いてほしい」という思いを満足させてあげることが、愛に満ちた関係を築く何よりの〝テクニック〟だと知った男はラッキーだ。男が聞き上手になれば、女性は心に余裕ができ、優しく心強い味方になってくれるからだ。

男を〝問題解決モード〟に追い込まない

売上げを伸ばさなくては、クライアントに新規プロジェクトの説明をしなくては、反対勢力を何とか説得しなくては……。

男の仕事は〝問題解決〟の連続だ。男は毎日、仕事で疲れきって家にたどり着く。そして、やっとリラックスできると思ったら、彼女から電話が入ったり、妻が待ってましたとばかりに寄ってきたりする。

「ねぇ、聞いて。会社でね……」「あなた、子供のことで……」と始まるのだ。やっと仕事を片づけてきたのに、また解決しなければいけない問題が起きてしまった……。これでは、男はげんなりだ。

男は女に「ねぇ、ちょっと聞いて」と話しかけられると、つい問題解決モードに入り、自分がリラックスすることは二の次になってしまう。

女性は、話を聞いてもらえるだけで欲求が満たされることがある。男がそこを理解するだけで、確実にふたりの関係は変わっていく。話を聞いてもらえたことで女性は愛され、そして支えられていることを実感できるからだ。

そして、女性は男の〝問題解決屋〟の傾向を理解して「ただ聞いてほしいだけなの」とはじめに言っておけばいい。

そして、彼が聞いてくれたら、きちんと感謝することだ。男は女性に感謝されるだけで誇らしい気分になるからだ。

女が男に「感謝する」だけでコミュニケーションが変わる

レスは自分の〝問題解決屋〟としての強い気持ちについて語ってくれた。

「グロリアが子供との一日について話しても、私はいつも見当違いなコメントばかりしていました。彼女は、自分のことをわかってくれない、感謝されていない、それどころか、いじわるされているとすら思ったことでしょう。しかし、私にはそれがわかりませんでした。

彼女はもっと話をしたがりましたが、話をすればお互いにますますフラストレーションがたまるばかり。彼女が私に『話を聞いていない』と文句を言うので、『だから、こうして聞いてるじゃないか』と口論が始まっていたのです。

しだいに私は口を開かなくなっていき、しばらくすると、彼女が話す時は自分の世界に閉じこもるようになりました。退屈で疲れてしまうからです。何を聞かされても同じに聞こえて、まったく興味がわかなかったのだから仕方ありません」

ところが、グロリアは私の本に出合い、彼とのコミュニケーション法を意識的に変えた。

「男には女性から感謝されることが必要」という箇所を読み、作戦を変更したのだ。

そして、彼に「感謝している」と話しかけるようにしたのである。

「自分の気持ちをわかってもらえて、本当にうれしいわ。私のグチを聞くことがどれほど大変だったか、やっとわかったの。とっても感謝してるわ。でも、これからは私の話を聞く時は、黙って聞いてくれるだけでいいの……」

そう言ってもらえれば、彼も余計なことは言わずに話が聞けるようになる。

しかも、そのことで彼女の手助けをしているとわかれば、男にとっては喜びにすらなるのだ。

男は〝問題解決モード〟に入りやすいが、
女がその〝ボタン〟を押していることは多い。

なぜ愛が〝空回り〟してしまうのか

「設計図」なしでは、家を建てることはできない。人間関係、特に恋人やパートナーとの関係においても、〝つきあいの設計図〟ともいうべきものがないと、お互いの心がいつの間にか離れてしまうことがある。

ダニーは、恋人と口論になってしまう理由が、最近になってようやくわかったという。

「つきあい始めた頃から、僕たちは口げんかばかりしていました。僕は、マーシャがあまりにも後ろ向きなことばかり言うのが気に入らなかったのです。

ふたりでカウンセリングを受けたこともありますが、無駄でした。別れ話も出たくらいで、しばらく会わないようにしました」

そして、冷却期間中に、彼は女友達から「女性は、自分の思いを聞いてもらえなければ、幸せや愛を感じることができない」ことを教えてもらったのだ。それは彼にとって、まったく驚くべき考え方だった。

それまでの彼は、彼女の話を〃自分を非難するための言いがかり〃と決めつけていた。「どうせ俺のすることが何から何まで気に入らないのだろう」とくさっていたのだ。

しかし、女性は〃必要に迫られて〃話をしているのだということを知ってからは、恋人のことを身勝手だと思わなくなり、むしろ後ろ向きなのは自分の方だったと思うようになった。

そして、彼女に電話をかけて「もう一度やり直したい」と言うと、彼女は喜んでその申し出を受けたのだ。

女性は自分の思いを話していただけなのに、男が否定的な反応をして醜い言い争いをくり返す――この罠《わな》から抜け出すことができたのである。

久しぶりに再会した夜、ふたりは一緒に食事に出かけることにした。素晴らしいことに、ふたりのコミュニケーションは突然スムーズになっていた。彼が彼女の話を注意深く聞いてあげたことで、彼女も穏やかで優しい気持ちを取り戻せたからだ。

それまでのふたりが愛し合っていなかったわけではない。ただ、賢いコミュニケーション法を知らなかっただけなのだ。

こうして、ふたりは人生でいちばん大事なことに気づき、ふたりの関係の設計図を練り直す、つまり、やり直すことができたのである。

〝反対尋問〟は愛情の芽をつむ

男は「自分の力で何かを達成すること」にプライドをかけているので、めったなことでは他人の助けを求めたり、話を聞いてもらったりはしない。自分の抱えている問題を他人に話すことは、アドバイスを求めてのことだと理解している。そして、そんな〝弱い自分〟を他人に見せるのを男は嫌うのである。

だから、女性がわだかまりや抱えている問題について話すと、男はつい男の思考回路で考えて、「アドバイスをしなければ、問題を解決してあげなければ」と思ってしまうのだ。

女性はそんなことよりも、ただじっくり話を聞いてもらいたい、優しく慰めてもらいたいと思っているだけなのだが……。

スティーブは、ようやくそのことに気づいたようだ。

「以前は、妻とトラブルばかり起こしていました。ついに、彼女は私と話もしたくないと言い出しました。私はそれでも仕方ないと思いましたが、かわいい子供たちが不《ふ》憫《びん》でした。両親がなじり合い、拒絶し合う姿を見た彼らの小さな心は、どれほど傷ついたでしょう。

結局、私たちはまともに話し合うことができませんでした。私は弁護士、つまり交渉のプロ。自分の感情抜きで、理性的に話ができなければ勤まらない仕事です。だから、コミュニケーションがとれないのは彼女に問題があるからで、自分には責任はないと思っていました」

しかし、それまでの彼は弁護士としての尋問手法を使って、いつも彼女を裁判にかけていたようなものだった。

彼女は気持ちを伝えたり、悩みを打ち明けたりしたいだけなのに、彼はいつもそれをさえぎり、理路整然とその問題を片づけていたのだ。つまり、彼女の気持ちを考えもせず、彼女の訴えに反証で立ち向かっていたのである。

彼は、それまでのことを妻に詫《わ》びた。

「思いやりが欠けていた、これからはやり込めたりせず、一生懸命に話を聞くつもりだ」と飾らない言葉で伝えたのだ。たったこれだけのことで、ふたりの関係はガラリと変わったのである。

今では、一日の仕事が終わると、彼は事務所に弁護士としての技術を置いていく。そして、家に帰って妻といる時はそれを使わず、ただひたすら話を聞いて、彼女が何を言おうとしているのかを理解することに努めているのだ。たとえ彼女が間違っていると思っても……である。

ふたりは話し合うどころか、スピリチュアルなレベルで会話ができるようになった。そんな両親を見て育っている子供たちも、ふたりが愛し合い、お互いを尊敬していることを感じ取っているのである。

効果的に〝言葉の緩衝剤〟を使う

男が〝問題解決モード〟に入ったら、女性がほんの少し賢くなって、これまでと違った戦略を提示すれば、彼との関係は変えられる。

もし口論になったら、ひとまず落ち着き、ふたりの間に漂う緊張を和らげてから自分の意見を言うようにしよう。しだいに彼も落ち着きを取り戻し、黙って話を聞けるようになる。

そうすれば言い争いになることはなく、女性は堂々と自分の思いを話せるし、男も彼女に向かって「それは間違っている」「考え直した方がいい」などと言わなくなるはずだ。

エリカは、こんな話をしてくれた。

「私たちは何かのことで口論になると、しまいにはその口論の仕方でまた争いになるという無意味なやりとりをくり返していました。

彼に言わせると、私が自分のことをとても不幸だと思うのは、私に問題があるからだそうです。もう少し、その時その時を楽しんで、好きなように生きたらいい、と言うのです。そうしたら、君ももっと楽になって、ものごとを大きく見られるようになるよ、って。

するとと私が、あなたはわかっていない、あなたはちっとも気遣ってくれない、どうしてそんなに薄情なの？　と返すわけです。あげくの果てには、私のことを決めつけようとするつもりなら、もう話もできない、と言ってやりました」

彼女は、ただ自分の立場を彼に理解してほしかっただけである。

でも、このままでは、けんかをくり返しているだけで、何も進歩がないということに気づいた彼女は、今ではこのように言うことにしている。

「私の言うことに反対でもかまわないわ。でも、私の考えを聞いてほしいの。この問題をすぐに解決しなくても、いいじゃない。

まずは私の言うことを聞いてくれれば、私もあなたの言いたいことを聞くわ。そうさせてもらえると、とても楽なのよ」

女性にこのように言われれば、たいていの男は黙って話を聞けるものなのだ。女性が上手に〝言葉の緩衝剤《かんしょうざい》〟を使うだけで、ふたりの関係は好転するのである。

「あなたは、わかってくれない」――女が本当に伝えたいこと

自分が相手を理解していないと気づくのは、意外と難しいことである。人は「わかったつもり」になりがちな生き物だからだ。

そして、相手が「自分のことをわかってもらえない」と思っている限り、あなたは相手を決して理解していないと考えた方がいい。それを認めなければ、いくら話をしても平行線で終わるだろう。

しかし、不思議なことに男と女の関係では、男が「君のことがわからない」と認めるだけで、女性は「わかってもらえた!」と思うのだ。

「君の言うとおりだ。僕はまだ君を理解していない」と言うことは、つまり「君がわかってもらえないと感じていることを、僕は理解している」と彼女に伝えることにもなるからである。

ポールの告白を聞こう。

「妻はいつも『あなたは、ちっともわかってくれない』とこぼしていました。彼女がその決めゼリフを言えば、私が『そんなことはない』と言って反論したものです。『君よりも君の悩みについて、よくわかっているさ』とまで言っていました。しかし、私のこんな言い方は思い込みもはなはだしかったのです」

たった一つのことを変えるだけで、彼らにはまるで別の世界が開けていった。彼は反論するかわりに「ああそうだね、でもよくわからないから、もう少し聞かせてくれるかな?」と言うことにしたのだ。

彼の妻が「あなたは、わかってくれない」と言う時は、彼女はわかってもらおうとしているのではなくて、もっと話したいという感情を吐露していたのだ。

今では、ふたりはとてもスムーズにコミュニケーションをしている。彼にとっては、横槍を入れずに彼女の話を聞くのは少し忍耐のいることであるが、そうすることで彼女はより理解されていると感じられるのだ。

男が「わかっていない」と認めることで、「本当にわかってもらえた」と女が感じるのはどこか逆説的だが、これこそ男と女の本質をついているのである。

男が「君のことがわからない」と認めることで、
女は「わかってもらえた」と思うもの。

女は話すことで不安を解消する

女性は不安や恐怖を感じた時、それを口に出すことで解消しようとする。

だから、男が女性と話をする時は、ひととおり彼女が話したいことを話した後で、おもむろに「僕にできることは何かな?」「ひとりでしまい込んでおくことはない。話してみてごらん」と聞いてみることが効果的なのだ。

こんなサポートを受けると、本当に女性は「ほっと一息つける」のである。

もちろん、自分の話を聞いてもらえて安心し、満足した女性は、今度は男性にも必要なサポートを提供できる。

そして、男は「あなたがいるから大丈夫。そばで見守っていてくれて、うれしいわ」という、うれしい言葉も聞けることだろう。

ジェリーはこんな話をしてくれた。

「妻は私の仕事のことをいつも心配して口出ししてくるので、私はかんかんに怒って自分の部屋に閉じこもっていました。

しかし、怒っても何も始まらないので、彼女の言葉や不安を勝手なものとして解釈しないように、自分の怒りを抑えるようにしました。

彼女の気のすむまで話をさせて、できるだけ声を荒らげないようにしたところ、彼女はとてもうれしそうに、『あなたを信用している。一緒にいられて本当にうれしいわ』と言ってくれました」

こうして、ジェリーは妻の不安や恐怖に気分を害されることなく、微笑みながら彼女を抱きしめることができるようになったという。それからは彼女の仕事への口出しも減り、彼は仕事にも集中できるようになったのだ。

男から〝効果的なサポート〟を受けると、
女は本当に「ほっと一息つける」。

女の「べつに話すことなんて、ないわ」を翻訳すると……

女性はただ自分の話を聞いてもらいたい時もあるが、時には彼に「話したいと思っている自分」に気づいてほしいと思っている。

自分の今日一日の過ごし方に、彼の方から興味を持ってもらいたい、自分に注意を向けていることがはっきりわかるような質問をしてほしい……そんなふうに思うのが女心である。

男にとって、これは魚釣りと同じように根気が必要なことだが、女に的を射た質問ができるようになると、彼女はしぜんと心を開くようになる。

ハーヴェイは理想的な夫になれたようだ。

「レベッカはものすごく話をしたい時、逆に話したくないようなそぶりをします。そんな時に僕が『どうかした？』と聞いても、返ってくるのは『べつに何でもないわ』という答えだけ。すると、以前の僕は義務を果たしたぞとばかりにその場を去り、テレビを見たり本を読み始めたりしていました。でも、それは大きな間違いでした」

彼は、彼女の言葉を表面上だけで解釈しないことを覚えたのだ。頭の中に〝金星人の言葉〟の翻訳機能が備わったようだ。彼女の「べつに話すことなんて、ないわ」が「とても話したいの」に聞こえるようになったのである。

彼女は、彼が気遣っていろいろ尋ねてあげ、少しずつ話をしやすい環境をつくってあげなければいけないタイプの女性である。その場を逃げ出さずに、彼女の話をまるで魚釣りをするように聞く……つまり、彼女が彼のえさに食いついてくるまで、辛抱強く質問を続ける必要があるのだ。

以前の彼は、彼女が何かを話したければ、自分から話してくるものだと思っていた。しかし、彼女のような女性は、誰かが気にかけてあげなければいけないし、優しくしてあげなければいけないのである。
彼はこれからもずっと、思いやりのある男性でいたいと思っている。

世の中には、自分が滅入っていることを伝えられない内気な女性もいる。そんな女性はさりげなさを装っていても、口数が減ってしまうものだ。

そして、それは〝危険信号〟である。パートナーが自分の状態に気づいてくれないと思うと、自分はかまってもらえない、愛されていないと感じ始め、どんどん悪い方向に向かってしまうのだ。

女性がよそよそしい時は、男が自ら進んで彼女を気遣い、取り返しがつかなくなる前に「どうしたの?」と尋ねてあげれば、彼女の心のわだかまりは、とけていくのである。

男から〝気遣いのひとこと〟があれば、
女の〝心のわだかまり〟は簡単にとける。

ふたりの間の〝誤解〟は肯定的に受け止める

けんかをしたり、怒りの感情を持ったりすることは、心地よいものではないものの、自分について、またパートナーについて新しい発見がある。

しかも、きちんと仲直りさえできれば、結果的には自分にも、そして相手にもゆとりが持てるようになる。

ふたりの間に問題が起こるのはしぜんなことで、むしろ、何も問題がない方が問題なのである。

なぜ、ふたりの間に誤解が生じたのかを肯定的に理解することで、ふたりは絆を強めることができるのだ。

ブルースの例を見てみよう。

「結婚して二十年。私たちは四人の子供を育て上げました。結婚当初からコミュニケーションには問題がありました。お互いに相手を信用することができず、それぞれ自分を守ることに執着していたのです。だから、たとえ小さなことでも話し合おうとすると、怒りや恨みが込み上げてしまいました。

子供たちが成人して家を離れると、ふたりの関係はますます悪くなり、しばらく寝室を別にするほどでした」


彼は妻であるグレッチェンの話を本当に理解したためしがなく、またなぜ彼女がそれほど大騒ぎするのかもわからなかった。しかも、彼の方から話をしようという気もなかった。でも、心のどこかでは、それではいけないと思っていた。

そこで、彼は彼女と意思の疎通をはかろうと努力したのである。はじめのうち、グレッチェンはそれほど彼のアプローチには乗ってこず、「あなたが変わってくれたら、私も考えてみてもいいわよ」という反応が返ってきた。

しかし、彼はそんな彼女の不信感に苛立《いらだ》つかわりに、「彼女の言うことも無理はない」と思うことができた。

彼女は長い間、彼から無視され続け、その心の傷を癒すには、時間がかかったのである。

「思い出したくない過去」がひょっこり顔を出した時は――

彼女が変わるためには、彼が優しく辛抱強く彼女を思いやり、そして話の聞き方を学ぶことが必要だった。そのことによって彼女の抵抗感は除かれ、しかも彼自身も成長できた。

やり直すこと、不信感と抵抗感を一歩ずつ乗り越えることは簡単なことではない。しかし、人はその努力をすることで強くなり、また喜びを見出せるようになる。

人間関係に完璧ということはない。ふたりには、まだまだ学ぶべきことがあるだろう。しかし、「男と女の違い」の本質がわかっていれば、あたかも暗い夜道に街灯が灯っているように、ふたりは迷わずに歩いていけるだろう。

その後、ブルースとグレッチェンの間には穏やかな時間が流れ出し、いい関係が築けるようになってきた。

愛するふたりの間に起こった問題は、たいてい解決できる。しかし、問題を解決してもなお気持ちが離れ、思い出したくない過去が、ひょっこり顔を出したりすることもあるかもしれない。

でも、ふたりの問題が何なのかがはっきりわかっていれば、対処法は自ずと見つかる。すると自分自身が変わり、そのことによって、もっと自分を、パートナーを、そして他人を愛する気持ちが強くなっていくのだ。生きていることが素晴らしいと感じられる、新しい世界が開けるのである。

どんなカップルも、ふたりの可能性に大きな希望を持ってほしい。

「男と女の違い」に気づけば、パートナーへの不信感、抵抗感はしだいに解消していく。

パートナーとの間に〝刺激〟を取り戻すには

パートナーを心から愛していても、ふたりの関係が長くなるとセックスや会話などがマンネリになりがちだ。

とりたてて言うほどの問題はないが、刺激の足りない毎日……。このような時の解決法について考えていこう。


イアンは彼女とのことを話してくれた。

「二年ほど前、エレンがロマンチックな週末を過ごしたいと言い出しました。

私はその言葉を聞いて、はっとしました。私は彼女をこよなく愛していましたが、ふたりの関係はどこか単調だと思っていたのです。絆も感じていたし、結婚しようという決意もありました。仕事もうまくいっていました。なのに、心の奥底では愛情のタンクが空っぽになっていくような感じがしていたのです」


イアンはジムのインストラクターである。だから、「自分は心身ともに強い人間だ」というセルフイメージでがっちり固められていた。そして、このことが彼女との関係にも悪い影響を及ぼしていたのである。

私は彼に「完全な人間になろうと焦る必要はない。完璧な関係をつくったり、ふたりが幸せになるための責任をすべて背負い込んだりする必要はない」とアドバイスした。

すると、彼はそれまで抑えつけていた自分の気持ちを表現できるようになってきたのである。彼は強い人だが、「自分の気持ちを相手に伝える」という強さはなかったのだ。

男は〝感情の地図〟が読めない

彼は、本当は傷つきやすい自分を認め、失望や不幸を口にすることを恐れていた。そんな気持ちを口にしたら、相手との関係をぶち壊してしまうと思っていたからだ。彼はいつもあらゆることに対して解決策を持ち、感激したり取り乱したりしてはいけないと思っていた。「男は強くあらねば」というわけだ。

しかし、「がまんする」ことは、必ずしも「強い」ということではない。だから、たとえばもしパートナーに気にさわることを言われたら、グッと堪えるだけではなく、怒りをコントロールして控えめに言えばいいのだ。

そうすることで相手に敬意を示すことにもなるし、相手の気持ちにも耳を傾けていることになる。

〝肉体と頭脳の地図〟では自分の位置を把握できる男性も、感情面で自分を把握するのは苦手である。しかし、このコミュニケーション法がいったん習慣になると、自分に自信が持てるようになる。まるで地図を読むように、自分の気持ちがどこにあるかわかるからだ。

女性は、こうした〝男の本質〟をつかんでほしい。


男は〝肉体と頭脳の地図〟で自分の位置を把握するが、〝感情の地図〟はうまく読めない。

女が「男を責めたくなる」心理

女性がもっと自分とパートナーのことを信じられると、お互いの心はしぜんと開き、いい関係が築けるようになることは間違いないだろう。

女性は「わかってもらえない」と思うと、つい被害者意識が増大してスネた気分になり、関係悪化のスパイラルに陥ってしまう。

そうなると、今度は自分の欲求を抑えつけて、相手の欲求をかなえようと必死になるのだ。


イアンの彼女、エレンの話を聞いてみよう。

「私たちは、お互いにいわゆる〝一目ぼれ〟をして、すぐにつきあいを始めました。毎日のように電話したり、週末はいつも一緒に過ごしたりと、はじめの一年は本当に楽しい時間を送りました。

でも、ふたりの関係が二年目くらいに入ると、私の心は怒りでいっぱいになっていました。『どうして私の気持ちをわかってくれないの?』と彼を責める気持ちでいっぱいでした。お互いに歩み寄ろうとはしましたが、あまりにも心が離れすぎていました。何度も別れ話を切り出そうとしました」

エレンは恐れを抱いていた。自分が彼を愛していないこと、逆に彼も自分を愛していないことに、お互い気づいてしまうかもしれない、という恐れをである。

女はもっと〝自分の欲求〟に素直になっていい

ふたりにとって必要だったのは、お互いの関係を改善するための〝技術〟だ。彼女は、もっと自分にも他人にも寛容になることが必要だった。それまでの彼女は、自分の恐れから目をそむけたいばかりに、常に彼の問題を解決することを考え、自分の欲求や感情をないがしろにしていたのである。

じつは彼女は幼い頃に父親を亡くし、心に大きな傷を負っていた。そのために男性から無視されたような気持ちがあり、男性を信頼できないことがあった。男性に寛容になる勇気がなかったのである。そしてそのことを、素直に口に出すこともできないでいたのだ。

しかし、勇気を持ってイアンにそのことを話すと、彼女が話している間中、彼は彼女を抱きしめていてくれた。それは彼女にとって、夢のようなことだった。

自分の気持ちを素直に話せたこと、そして彼に抱きしめてもらったことで、エレンは忘れていたロマンチックな気持ちを思い出した。ロマンスが足りなくなると、女は〝幸せ欠乏症〟にかかってしまうのだ。

男が幸せになるためには「信頼されている実感」が必要で、女が幸せになるためには「愛されている実感」が必要だ。

パートナーとロマンチックな関係でいるためには、ふたりの間にロマンスを絶やさないようにする努力を意識的にすること。一緒に楽しい時間を過ごしたり、自分だけの時間をつくったり、また相手のためだけに時間を捧げることも必要なのだ。

「ひとりの時間」と「ふたりの時間」が充実してはじめて、男と女は幸せを感じることができるのである。

男には「信頼されている」実感が必要で
女には「愛されている」実感が必要。

「気を遣ってほしい」――本心をどう伝えるか

どういうふうにコミュニケーションをとれば、愛が深まるか――これは、男と女の永遠のテーマである。

それは、きっかけさえつかめば一生涯持ち続けられるものであるが、そのきっかけをつかむまでに何年も、いや何十年もかかるカップルもいる。

しかし、大切なのは速さではなく、そのプロセスである。真心を込めて愛を育てる、これこそベスト・パートナーになるために必要な条件だ。

今度はスザンヌの話である。

「私たちは結婚して十年、いつも会話が足りないと感じていました。

もちろん、そのことに不満を持っていて、私が一方的に『話す人』になっていました。そして夫のリッチが『考える人』でした。

私は何度も彼に口を開かせようとして、考えや感じていることを話させようとしたけれど、ダメでした。リッチは自分の感情を言葉にできず、私もどうすれば彼が口を開いてくれるか、わからなかったのです。
私は怒りと焦りでいらいらしてきて、ふたりの間からは笑いが消えてしまいました」

彼女はよくテレビドラマを見て、コミュニケーション改善のアイデアを見つけていた。そして、夫が家に帰ってくると、「待ってました」とばかりに、それについて話し始めるのだ。
しかし、彼女が熱を入れれば入れるほど、彼は黙り込み、守りに入っていった。彼の守りはとても固く、彼女の手にはおえなかった。そうなると、後はけんかになるのは、火を見るよりも明らか……。

彼女のいちばんの不満は、「気を遣ってもらえなかった」ことだ。自分は家事を一手に引き受け、雑用を片づけ、心配ごとを処理するなど、家族のために心をくだいているにもかかわらず、夫から「ありがとう」のひとことすら言ってもらえない……。

怒りがたまりにたまっていったのだ。

「夫はいつだって洗濯した下着が引き出しに入っていて、アイロンのかかったシャツがクローゼットにかかっている。なのに、なぜ私は自分で入れなければ、引き出しやクローゼットを開けても、すぐに着られるものがないの？」

こんな気持ちである。

彼女はしだいに彼を愛せなくなっていった。

「気持ちに気づいてもらう」だけで、女は息を吹き返せる

ここまでくると、女性は世界中の不幸を背負っている気分になってくる。時折、「もう耐えられない」と思い、自分の気持ちを彼に話そうとしても、泣くことしかできなくなってしまうのだ。

そんな彼女を見て、彼はもっと家のことを手伝うと約束してくれはするものの、いやいや家事をしているので、一週間も続けばいいところだろう。

しかし、彼が彼女の気持ちに気づくことで、劇的な変化が表われたのだ。

ゴミを出す、お皿を洗う、洗濯物をたたむ……こうしたことを手伝うのが、どれほど女性を喜ばせるかということに彼が気づくと、ふたりの関係が驚くほど変わったのだ。

そして、一日一回でも「愛している」と言葉に出して言うことが、ふたりの関係をどれほどよいものにするか……それは信じられないほどの効果がある。

また、出張の時などにも、男がまめにパートナーに電話をして「どうしてる?」と聞くのも効果絶大である。

とにかく、女性は「パートナーに気にかけてもらっている」のを実感できるのが、うれしいのだ。


いずれにせよ、大切なのは〝根気〟である。

長年の習慣は、一朝一夕には直らないが、あと少しふたりの関係に〝手間〟をかければ、気持ちが満たされてくる。それでも、無意識に相手を悲しませたり気分を害することを言ってしまったりしたら、それは自分のミスだったことを認め、謝り、訂正しよう。
少しの気遣いで、ふたりはもっともっと幸せになれるのだ。

男がほんの少しふたりの関係に〝手間〟をかければ、
女は〝世界中の不幸を背負っている気分〟から抜け出せる。

3
章

男は女に
こんなことを望んでいる

……「ふたりのこと」がすべて
プラスの方向に動き出す心理法則

一度は別れを考えたり、実際に破局に至ってしまったカップルから、「私の著書を読んで、ふたたび愛を取り戻した」という手紙を世界中から受け取る。どうやら私の本には愛を修復する効果があるようだ。

傷ついた関係を癒したり、ふたたび一緒にやっていく決意を固めたりするまでには、さまざまな要因が働くが、男と女の違いを理解すれば、高いハードルも比較的楽に越えられるようになる。

そこで、この章ではまず「男と女とでは愛し方が違う」ことについて見ていくことにしよう。

なぜ、男は女と〝距離〟を置きたがるのか

男は女性とつきあっていく時に、一定の距離を置くことがある。それは、相手のことをどれくらい愛しているのかを知るためである。もし、ふたりにわだかまりがあっ

て距離をとった時、何が間違っていたのか、どうすればやり直せるのかさえわかれば、男は多くの場合、もう一度やり直そうという気持ちになる。逆に、ふたりの関係の何が間違っていたのかがわからないと、男はやり直すことができない。

うまくいかない理由がわからなければ、彼女を幸せにすることはできない――。男は相手の女性を幸せにできないと思ったら、そのつきあいをあきらめるのだ。

しかし「男は火星から、女は金星からやってきた」という基本的な考え方さえつかめれば、ふたりの何がいけなかったのか、どうすれば修復できるのかがわかるはずだ。そうすれば、傷ついた関係を癒し、ふたたび一緒にやっていくことは、十分に可能なのである。

女を〝無力感〟から解放するのが男

女性がパートナーを愛するのは、彼からの〝心の支え〟を実感した時だ。

逆に、女性がその関係をあきらめるのは、彼とのコミュニケーションがとれなくなった時である。そんな時の女性は、まるで砕け散った波のように「やるせなさ」でいっぱいになり、二度と彼を愛せなくなってしまうのだ。

コミュニケーションがうまくいかないと、女性は愛を実感できない。与えるのは自分ばかりで、必要なことは何もしてもらえないと感じ、ついにはパートナーに怒りを覚える。「自分は必要なことをしてもらえないのだから、これ以上、彼に何もしてあげることはない」と思うと、女性はさっと身を引くものだ。


女性はパートナーに怒りを感じると、「どうして彼は、私を幸せにしてくれないの?」という思いにとらわれる。しかし、一時的にでも彼から距離をとると、そのような思いから自由になれるものだ。そして、精神的に自立して自信が持てると、許すことも忘れることもできるようになる。

「どうしたら自分が望むことを得られるか」がわかると、もう一度心を開いて人を愛し、信じることができるのだ。

「男は火星からやってきた」という基本的な考え方を思い出せば、自分を見つめ直す余裕が生まれる。すると、自分が考えているよりずっと強く愛されていたことがわかるのだ。

こうして男をより深く理解することによって、女は無力感から解放され、自分に必要な愛とサポートが得られることを確信し、健全な関係を育んでいけるのである。

この世界で生きていく究極の目的は、愛し愛されることだということを私たちは直観的に知っている。この直観を現実のものにしようと努力する時、人間は個性や素晴らしさを発揮できるのだ。

そして情熱に満ちた関係を築くためには、自分に必要なことを知り、それを適切なかたちでパートナーに伝え、そして相手に必要なことを惜しみなく与える……その相互作用が大切なのだ。

長いこれからの人生を、パートナーと一緒に生きていくのが楽しみ……いつもそんな関係でいられたら、そのカップルは最高に幸せである。

精神的に自立した女は、
〝マイナスの感情〟をやりすごすのがうまい。

男と女の「雨降って地固まる」の法則

人間関係において一度失った信頼を取り戻すこと、また、その相手を許すことは、並たいていのことではない。だが、まったく不可能なことでもない。

特に信頼を裏切った方は、時間をかけ、心を込めて相手を思いやり、無理強いをせずに相手の心がしぜんと開くのを待つことだ。

ヤコブは、テレサとの関係をどう修復したのだろうか。

「僕たちふたりは別居をしていて、離婚することまで決めていました。でも、僕は妻のもとに戻って、もう一度やり直す決心をしました。ふたりが違う星からやってきたほどに違うという前提に立てば、ふたりの関係は何とかなると確信したからです」

さんざん話し合った後で、ふたりはふたたび一緒に暮らし始めた。

しかし、テレサはまだ自信がなかった。なぜなら、彼はこれまでに好き勝手なことをたくさんしてきたので、そう簡単にふたりの関係が変わるとは信じられなかったからだ。しかし、半年という時間をかけて、彼女は彼のことを信頼できるようになっていった。

自分でまいた種とはいえ、一度失った信頼をふたたび取り戻すのをじっとがまんして待つのは、つらいことだ。しかし信頼を取り戻す過程で、ふたりの関係に何が足りなかったのか、はっきりわかるようになる。

人は何でも「自分の思いどおり」にならないと気がすまないが、強硬に自分の主張を押し通そうとすると、相手への配慮が欠けてしまう。しかも、そういう人に限って、相手が怒ったり、自分への親しみをなくしたりすると、ふてくされてしまうのだ。

そんなことをくり返された相手は、「ばかにされた」と感じるだろうし、まともに議論する気も起きないだろう。

まずは、「自分は変わった」と証明しなければならない。そのためには、ふてくされたり、意固地になったりしていてはダメである。もちろん、男であれば自分の世界に閉じこもることはあるだろう。しかし、自分の世界から出てきた時に思いやりのある優しい気持ちになっていれば、彼女の不信感もとけるだろう。まるで長く厳しい冬の後に春が来て、氷がゆるゆるととけていくように。

雨降って地固まる、と言うが、人は苦難を乗り越えて得た幸せは、二度と逃さない自信を持てるのだ。

女は〝繊細すぎる男〟が苦手

相手にとって「よかれ」と思ってしたことが裏目に出る……そんなつらい経験をした人は多いだろう。そんな時にも、男と女がうまくいくテクニックを知っていれば、大ごとにならずにすむ。手紙や電話などのコミュニケーションの道具は、効果的に使ってこそ価値が出るのだ。

ここで、相手から前向きな反応を引き出すテクニックを覚えよう。

ウィルはガールフレンドに決定的なことを言われてしまい、落ち込んでいた。

「サラから『あなたとは、いいお友達でいたいわ。私は他の男性ともデートをしたいの』と言われた時、僕は頭の中が真っ白になり、どうしたらいいのかわかりませんでした。
僕は、何かいけないことでも、したのでしょうか。しっぽを巻いて笑顔で離れていけということでしょうか。それとも、怒って彼女への愛のために戦えということでしょうか」

彼女との関係についてよく考えてみると、彼には思い当たることがあった。自分があまりにも彼女にベタベタしすぎていたのだ。ふたりでいても、彼には自分のことしか見えていなかった。
そして、彼女にひんぱんに電話をかけて、自分の一日に起こったことを話していた。女性はこのようにしてもらうことを望んでいると思っていたし、彼自身もそうすることを望んでいたからだ。

しかし、女性の多くはあまりにも繊細すぎる男が苦手だ。サラは、繊細すぎるウィルを持て余してしまっていたのだ。

このことに気づいたウィルは、どうしたら彼女の気持ちを振り向かせることができるのだろうか。

ふたりの関係が危機を迎えた時、つらい胸の内や見捨てられた思いを相手に告げるのは得策ではない。それは、男でも女でも同じである。それをするくらいなら、自分の気持ちを手紙に書いた方が効果的だ。

手紙の書き方はこうだ。まず、つらい、さみしいと思うたびに、手紙に怒り、悲しみ、傷ついたこと、恐れ、そして、おかした罪などを書く。否定的な感情を書いたら、次には理解、寛容、愛を表現することに集中してほしい。

また、この手紙は相手には出さないこと。書くことで気を静め、それまでいかに自分が自己中心的で、相手に対してただ求めるばかりだったかに気づくべきだ。

そして、数週間したら「どうしてる?」と、相手にさりげなく電話をしてみよう。その時は友達としてかけるか、恋人としてかけるかなどと堅苦しく考えないこと。

どちらにしても、相手は戸惑うだろう。そんな相手には、「自分のことを振って悪いなどと思わなくてもいい」と言ってあげ、気を楽にさせてあげよう。

そして自分の気持ちを話すことを極力避け、軽く楽しい話題を振って相手に話をさせるように努めるのだ。もちろん、その時に大切なのは、相手の話をただ聞くということである。

さらに数回電話したら、ランチにでも誘ってみよう。もし相手が承諾してくれたら、脈ありの証拠だ。

ちなみに、この方法でウィルとサラはヨリを戻し、一年後に婚約した。たった一つ小さなことを変えるだけで、大きな変化が起こる——そのことを具体的なかたちで示したカップルである。

関係が〝袋小路〟に入った時は……

男と女のコミュニケーションで大切なのは、女性が自分の気持ちを言葉にする技術を学ぶことだ。女性が「自分の望みを表現する方法」を知っていて、「男を尊敬する気持ち」を失わなければ、完璧に近いコミュニケーションをとれるようになる。

男というのは、女性が責めることなく、ただ感じるままを話すようになれば、耳を傾けてくれるようになるものだ。そうなれば、不毛な衝突を避けられ、さらにお互いが望むことを実現できるようになる。

ある日、キースとジャネットが私のもとを訪れた。

キースはジャネットとつきあい始めて一年ほどで、このままつきあい続けるべきか、別れるべきか、それとも結婚すべきか、答えを出せないでいた。

実際、ジャネットはキースを愛していた。しかし、彼はまだ結婚については考えられなかった。彼女は彼にプロポーズしてほしいと思っていたが、彼は他の女性によそ見をしないという約束をしてくれなかった。

そこで、ふたりは別れることに決めたが、最後の手段として私に電話で相談してきたのである。まず私は、どちらに偏ることもなく、ふたりの立場を鏡に映すようにして、それぞれに見せることにした。

キースは男としていろいろな経験を積みたいと考えており、ひとりの女性に縛られるのが嫌だった。そしてジャネットは、彼が他の女性と会ったりするのは耐えられなかった。

キースは、彼女とはまだステディな関係になる準備ができていなかったが、それでは彼女も納得してつきあっていけるはずがない。

「どうやら、ふたりは別れなければならないようだね。人生には選択が必要なのだから」

ふたりにはわかっていたと思うが、特にジャネットが意識的に知りたくないと思っていたことを、私はあえてはっきり言葉にした。ふたりの状況をはっきりさせて、彼女が新しい関係に踏み出せるようにするためだ。

「別れ」という現実と、どう向き合うか

心の奥底にある本当の思いを他人に指摘されるのは、つらい試練である。正直であろうと心に決めても、自分に都合の悪いことからは、つい目をそむけたくなるものだからだ。

このカップルの場合も、いくら彼女が心をいつわっても、別れるしかない状況だった。

恋人とはもう一緒にいられないと思うのは悲しいことだ。それでも、別れは力を与える。

つまり、このままの自分ではダメで、「何かを変えなければいけない」ということがわかるからだ。そこに気づけただけでも大きな進歩なのである。

別れという現実に正面から向き合うのは、とても難しいことだ。しかし、ふたりは本当は愛し合っていた。ただ「次のステージ」に行く準備ができていなかっただけなのだ。

〝まだ縛られたくない男〟とのつきあい方

キースの「まだ縛られたくない」という気持ちそのものは、理解できなくもない。こう書くと誤解を招くかもしれないが、つまりいろいろな女性に惹かれる気持ちを抱いても悪人ではないということである。

しかし、その気持ちによって彼女の気持ちを傷つけてしまうなら、一度はその気持ちに正面から向き合い、進退を決めなければならない。

そこでキースは彼女と別れ、誰にも非難されない「縛られない世界」を謳歌《おうか》した。もちろん、それは彼女にとってはつらい経験だった。ふたりは別れてから半年の間に二、三度顔を合わせたが、彼女はただ泣くばかりだった。しかし、時間とともに彼女は冷静さを取り戻し、自分の望みにも忠実になれるようになってきた。

そしてある夜、ヨリを戻すチャンスがきたのである。彼女は一生懸命に心を落ち着かせた。私にはきちんと彼とおつきあいする価値がある、その資格がある、それがダメなら彼のことは忘れよう、と自分に言い聞かせながら……。

そんな毅然とした彼女を見たキースは、こんなに素晴らしい女性だったかと彼女を見直し、以前よりずっと尊敬し、魅力を感じたのである。

それから半年ほどして、ふたりはもう一度つきあいを始めた。その関係は以前よりも新鮮になり、はたで見ていても、とてもリラックスした雰囲気に包まれていた。そこには、確かに絆というものを見ることができたのである。

ふたりは、その後婚約し、めでたく結婚することができた。今では子供にも恵まれている。

〝子はかすがい〟と言うが、子供を持つのは素晴らしい体験である。ごく幼い時の経験というのは、後の人間関係に強い影響を及ぼす。その意味でも子供がいるカップルは、よいコミュニケーションをとることを何よりも心がけてほしい。

女は〝ケーキに粉砂糖を振りかける〟ような気遣いがうれしい

忙しい毎日の中で、女性は男性に小さなこと——たとえば花やカードを贈る——をしてもらうと「愛されている自分」を深く実感できるものだ。「小さなこと」の積み重ねはうまくやっていくためのコツで、あなどれない効果がある。

たとえば、とるに足らないことかもしれないが、女性は自分のために車のドアを開けてもらえると、それだけでドキドキするものだ。女性はまるで〝ケーキに粉砂糖を振りかけるような気遣い〟がうれしいものなのだ。

女性にとって車のドアを開けてもらうのは、セックスで丁寧な前戯をしてもらうのと同じようなものだ。「愛され、大切にされている」ことが実感でき、とてもロマンチックな気分になれる。お互い仕事や家事で多忙な毎日、ついふたりの関係もおざなりになってしまいがちだが、ロマンチックなことのために時間を費やすのは、とても大事なのだ。

よきパートナーであるためには、お互いが幸せで健全でなくてはならない。そのためには、一にも二にも努力である。努力をすればパートナーとの問題を解決し、相手をさらに理解できるようになる。すると、相手に対して謙虚な気持ちになり、何か問題が起きても比較的、簡単に解決できるようになる。つまり口論になっても、調和のとれた状態に戻れるのだ。

パートナーと出会っていない自分は想像できない……そう思えたら、ふたりの関係は本物だ。そこまでの強い絆があれば、少しくらいけんかをしても大丈夫だ。

しかし、そうなるためにはたくさんの経験が必要で、その時に大切なのは〝道具〟である。道具は庭の隅っこに放っておいては宝の持ちぐされで、使ってこそ意味がある。たとえば手紙、そしてセックス。ふたりの関係をよいものにするために、こういった道具は積極的に使うべきなのだ。

忙しい時こそ〝ロマンチックな時間〟を意識してつくり出すこと。

愛は〝フィーリング〟ではなく〝確信〟するもの

完全主義の人は、はっきりと確信が持てるまでは「愛している」という言葉を口にしない。それは正直さという点から見れば素晴らしいことだが、待たされる側にすればつらいことだ。ならば「鳴かぬなら、鳴かせてみよう……」ではないが、相手からその言葉をしぜんに引き出してみよう。

チェリーは、失敗から多くのことを学んだ。

「ケンとは高校の卒業二十周年の同窓会で再会しました。高校時代、彼は目立たないタイプの生徒だったから、私は特に親しかったわけではありません。でも同窓会では、私はすぐ彼のことを見つけました。だから、彼が私に話しかけてくれた時は、とてもうれしかったのを覚えています。

私たちは一時間半も、これまでのことを話しました。私たちはそれぞれ離婚していたので共通の話題も多く、盛り上がりました。彼は私のことを包み込んでくれる、本当に素敵な人でした。

私たちは連絡を取り合うようになり、やがてお互いの家を行き来するようになりました。ある日、私の七歳になる息子と一緒にテレビを見ながら、彼が私にキスしようと身をかがめた時、息子が『やったね、お嬢さん！』と言ったのです。

私たちは驚いて笑ってしまいました。ケンは帰りじたくをやめました。息子のひとことで、ふたりの関係は決まったようなものです。私が冗談めかして『明日の朝になっても私を尊敬していられる？』と言うと、彼は『もちろんさ』と答えました。うれしい言葉でした」


ケンは仕事の都合でチェリーと離れたところに住んでいたので、ふたりはもっぱら電話で連絡を取り合い、もちろん、休暇は一緒に過ごしました。チェリーの息子は少しやきもちを焼きながらも、ケンのことを好きになった。やがて赴任先から戻ってきた彼は、彼女の家で暮らすようになった。

一年以上ふたりはとてもいい関係で暮らし、彼は彼女の息子ともうまくやっていた。しかし、彼は最初から「確信が持てるまでは、君に愛しているとは言わないつもりだ」と言っていた。結婚はするつもりだが、まだ愛しているとは言えないというのである。

彼は、彼女とは〝フィーリング〟が合うと感じていたが、愛を確信するまでには至っていなかったのだ。

「仲直りするためのヒント」は身近にある

彼女は中途半端な気持ちのままだった。友達に「いったい、あなたたちは、どうなってるの?」と聞かれても、「さあね」としか答えられず、とてもプライドが傷つけられていたのだ。

とうとう彼女は彼に尋ねた。

「いまだに私を愛しているかどうかわからないなら、答えが出るまで離れてみた方がいいわ」

ケンはその直後に一カ月ほど仕事で出張した。そして彼が戻った時、彼女はこう宣言したのだ。

「もうおしまいね。私のプライドが許さないし、息子がかわいそうすぎるわ」

まさしく緊張の一瞬である。

そんな時、彼らはテレビで私を見て、「これこそ自分たちに必要な考え方だ」と直感した。


ふたりは、毎晩私のオーディオ・ブックを真剣に聞いた。そして、ふたりで話し合う時間を持ったのだ。そして、ついにケンは彼女の気持ちが実感できたのだ。それ以来、彼はとてもよく話を聞くようになり、その必要があれば自分を変えるよう心がけてきた。おかげで彼女の方でも、彼の考え方がよくわかるようになった。

もちろん、彼は彼女に心から「愛している」と言えるようになった。

ふたりは、今も幸せな結婚生活を送っているが、もし仲直りをするきっかけをつかめなかったら、今のふたりはなかっただろう。

もちろん、ふたりの関係を改善するきっかけは、じつにさまざまだと思う。しかし、きっかけを得ようと常に真剣に求めていれば、必ずヒントが与えられる。アンテナを張りめぐらしていれば、ヒントは案外、身近にあるものなのだ。ケンとチェリーが私をテレビで見たように。

男の〝だんまり〟は裏切りではない

自分自身やふたりのこと、そして家族のことについて学び、これまでの人生、そしてこれからの人生にとって大切なことに気づくきっかけは、なかなかつかみにくいものだ。そのために、大きな代償を払わなければならないこともある。

しかし、人生はむしろ、そのような大切な真理を見つけるためにあるのかもしれない。

これはマリーの魂が再生した物語である。

「私たち夫婦は結婚当初の情熱を失い、お互いに関心がなくなっていました。

ふたりには、しだいに何かが欠けてきたのです。いつの間にか、相手に対しておざなりになり、愛してはいても、いたわり合ってはいても、感激がなくなっていました。

そんな時、ダグの会社が倒産しました。彼は自分の世界に閉じこもってしまいました。

男と女の違いについて何も知らなかった私は、彼を慰め勇気づけようと『大丈夫よ、あなた。何とかなるわ』と言いながら、のこのこ後について彼の世界に入っていったのです。一緒にいることで、彼の助けになると思ったからです。自分では世界一の妻のつもりでした」


人間は突然ふってわいた変化に弱いものだが、しかしそれは、これまで見えなかったことに気づくチャンスでもある。

何気なく毎日を暮らしていると、ついつい怠慢になり、自分が出せるはずの力や愛の半分も出さなくなっていく。そして、しだいに感動が薄れ、ふたりの関係が麻痺《まひ》してしまう。

こんな時こそ、そのマンネリを打破することが必要だ。

マリーは夫が職を失うという経験を通してはじめて、それまで自分がいかに彼を傷つけていたかを思い知った。

ダグが自分の世界に閉じこもると、彼女は見捨てられたと思い込んでいたのだ。彼は解決策を探しながら、どうすれば家族を守れるかを必死で考えていたのに、彼女には彼が落ち込んでいるとしか見えなかったのだ。

彼女は社交的な女性で、誰とでも気軽に話をする。しかし、ダグは自分の気持ちを誰にも話さない。彼女にはそれが理解できず、がまんできなかったのだ。

だから彼が自分の世界に閉じこもると、彼女はそれを「離婚調停中」と皮肉っていた。そして「ひどい裏切りだわ」と責めていた。

どうやら彼女は、彼から好かれているかどうか確信が持てなかったようだ。ふたりの行き違いをなくすためには、彼女が自分自身の問題に気づき、もっと自信を持つことが必要だった。

女の〝優しさ〟が男らしさを引き出す

マリーはやり手のビジネスウーマンで、夫が愛し尊敬しているのは自分のビジネス感覚だと信じていたのだ。これこそ大きな勘違いである。

彼が愛し尊敬していたのは、彼女のビジネス感覚などではなく、彼女の明るくやわらかな存在そのものだ。

彼女のビジネス感覚は、むしろふたりの関係にとっては有害でさえあった。

才色兼備の女性は、仕事での〝有能さ〟をふたりの関係にまで持ち込み、女性として大切な部分を忘れてしまいがちだ。

しかし、女性が本来の優しさや優雅さを取り戻すというのは、とても大切なことだ。女性らしさに触れることで、男も本来の男らしさを取り戻せるからだ。

彼女はもう夫が自分の世界に閉じこもっても、不満を募らせることがなくなった。そういう部分こそ男らしさなのだと誇らしくさえ思っているし、彼の世界に押しかけようとも思わない。
彼女が変わることで、ふたりは愛を取り戻すことができたのである。まるでジグソーパズルの最後のピースがぴったりはまるように、ふたりにかかわるすべてのことがプラスの方向に動き出したのだ。

有能な女性こそ、時折立ち止まって、
自分の中の〝女らしさ〟を磨くこと。

4章

愛を深める「ひとりの時間」の磨き方

……「自分の時間」を楽しむと「ふたりの時間」も満たされる

パートナーとわかり合っている、そして彼から支えられていると実感できると、女性は、とても幸せな気分にひたれる。だから、彼とはいつでも一緒にいたい、何でも共有したいと思う。しかし、男にはいくらパートナーを愛していても、ひとりになりたい時がある。

女性はその男を愛すれば愛するほど話をしたくなり、その日一日の自分の話を残らず聞いてもらいたくなる。そうすることで、やっと一日の重荷から解放されるからだ。だから、家に帰っても、その日の出来事をひとことも話してくれない男に、女性はがっかりする。「何かあったの?」と聞いても、返ってくるのは「べつに」という判で押したようなセリフだけ。

こんな時、女性は男が「少しの間、そっとしておいてくれないかな。ちょっと考えごとをしたいんだ」と言っていることが理解できないのだ。それどころか、こうした男の行動を「話をしたくないのは、もう私を愛していないからね!」と〝自分へのあてつけ〟のように感じてしまう。

でも、男がひとりの時間を持つことの必要性を理解し、受け入れることは、コツさえ押さえていれば、それほど難しいことではない。そして、女性も「自分の時間」を充実させることで、こんな男の習性も穏やかな気持ちで見守れるようになるのだ。

〝余裕を感じさせる女〟を男は放っておかない

女どうしの場合、怒っている時は相手に話しかけない。話をしないことは、女性にとって明らかにその関係に何か問題があることを示している。だから、話をしたがらない男に対して、女性は「何かいけないことをしたのかしら?」と不安になり、パニックに陥ってしまうのだ。

でも、実際には男が自分の世界に閉じこもったとしても、女性は何も悪くないことが多い。それはあくまでも彼の問題であって、彼はそうすることでストレスを発散したり、問題を解決したりしているのだ。

だから、女性はマイペースを保つ必要がある。余裕を持った女性には、むしろ男の方から積極的に働きかけてくるようになるのだ。

ジャネットも悩める金星人のひとりだった。

「以前、私が一生懸命に話しかけている時、カルロスは私との間にカーテンを下ろしました。彼は、私のことをうるさがるか怒るかのどちらかでした。だから、私は自分を責め、罪滅ぼしのために彼が喜びそうなことなら、何でもしてみました。

でも、しばらくそうして罪悪感に苛《さいな》まれていると、やがて『私は悪いことなどしていないのに！』と彼に対する怒りが込み上げてきたのです。一方、彼はだんまりを決め込んだまま。そこで私が逆上し、しまいには大げんかになっていました。激しい口調とはうらはらに、私の心はとても傷ついていました」

彼は彼女に対して「べつに君が悪いわけじゃない」とよく口にしていた。しかし、彼女にはそんな言葉は信じられなかった。女性が話をしたくない時は、明らかに「相手が悪い」と思っているからだ。

そんな時に彼女は、「男には、ひとりの世界に閉じこもる時間が必要」という話を知って、目の前がぱっと開けたという。彼女は彼に嫌われていたわけでは、なかったのだ！　男はたとえ自分ひとりきりの世界に閉じこもっても、パートナーを愛しているのである。

賢明な女性は、男が自分の世界から出てくるまで、話しかけるのを待っている。彼が自分の世界に閉じこもっている時は、彼のために何かしようなどと思わずに、勝手に放っておいて、自分はマイペースでいればいいのである。

それに女性が精神的に自立していれば、わざわざカーテンを下ろしている男のところに押しかけ、引っ張り出してくる必要もない。しかも女が気にしない様子でいれば、男の方から働きかけてくるのである。

「自分の世界」に閉じこもっている時の男は、
〝引っ張り出す〟より〝おびき寄せる〟方が簡単。

〝自分らしさ〟はひとりの時間に磨かれる

男と同じように、女性にも、もっと「自分の時間」があっていいはずだ。確かに、多くの女性は話をすることでストレスを発散したり、問題を解決したりするが、すべての女性にその方法がしっくりくるわけではない。むしろ、男と同じように他から邪魔されない世界を持つことで、自分らしさを取り戻すことができる女性もいるのだ。

ローラは、男性的なところのある女性である。

「男性には〝ひとりの時間〟を持つ必要があることを私が受け入れたら、ふたりの関係がよくなっただけでなく、私自身もとても幸せになりました。自分にも、ひとりの時間を許せるようになったのです。

今では、『仕事から帰ったら、すぐ家事にとりかかるよき妻』を演じないで、しばらく自分のことをします。彼が雑誌を読んだりテレビを見たりしている間に、私は散歩をしたり庭いじりをしたりしますが、これこそが私の世界なのです。

こんなふうにお互いに無理をしないようになった今では、彼も私の話を以前より素直に聞いてくれるようになりました」

それぞれ自分だけの世界を持ち、自由時間を謳歌し、自分の夢を実現させているカップルはたくさんいる。

女性が自分の世界を持つことに慣れないうちは、怒ってしまう男もいるかもしれない。でも「必ず戻ってくるわよ」と言っておけば、彼は安心するはずだ。

その時に大切なのは、日頃から彼への感謝を口にするのを忘れないこと。そうすれば、女性が好きなだけ自分の世界にいても問題はないだろう。男は、パートナーが自分に感謝しているとわかれば安心なのだ。

女にも「自分のしたいこと」をする時間が必要

男には、自分だけの時間を持つことが必要だが、その時間があまりに長いとパートナーの女性はつらいものだという実感が持てない。女性としては、「いつまで」待てばいいのか期限がはっきりしないのは、苦痛なものだ。

だから、自分だけの世界に閉じこもる時は、パートナーに配慮するのが、せめてものマナーだ。決して自分の時間を持つことがいけないわけではない。ただ、パートナーを気遣うことが大切なのだ。

親しき仲にも礼儀ありと言う。ちょっとした気遣いさえあれば、かえって気持ちよく〝自分だけの世界〟へ送り出してあげられるものだ。そうして気持ちよく送り出されれば、帰った時にはよりパートナーの話に耳を傾け、ふたりのための時間をつくれるようになる。

ジャニーは自分たちの夫婦関係がいかに変わったかを話してくれた。

「夫は典型的な火星人。よく自分だけの世界に閉じこもっていました。以前の私はそんな彼を見て、悲しい思いをするだけでした。ずっとずっと、こう言ってもらいたかったのです。『ちょっとドライブしてきたいんだ。すぐ戻ってくるからね』

戻ってくる、このひとことがあれば、私は楽になって、安心して彼を待つことができたのに……。そんな私の気持ちに、彼は気づいてくれませんでした。

でも、ようやく彼は私の悲しげな顔に気づいてくれるようになりました。今では短いけれども優しい言葉をかけてから、ひとりの世界に出かけます。そうしてもらえると、私も彼が自分の問題を解決するべく、静かな戦いをしているのがわかります。

最近の彼は、私のところに戻ってきた時には私の話にじっと耳を傾け、できるだけふたりのための時間をつくってくれるようになりました」

一方で男は、自分以外の男も同じようなことをしているのかどうか自信がない。だから、こんな勝手なことをする自分は、パートナーを愛していないのではないかと不安になることもある。そうなると、本当は持っている思いやりや優しさを、なぜか表現できなくなってしまう。

だから、女性から「安心して、私は大丈夫」というメッセージをもらえると、彼女に優しくする勇気を取り戻せるのだ。


でも、彼に対してあたたかい気持ちになれない時は、女性も無理をせずに自分のしたいことをすればいい。

ちょっと昼寝をしたり、友人と映画を観に行ったりしているうちに、気持ちもすっきりして、パートナーへの気持ちもリフレッシュできているはずだ。そうすれば、男も安心できる。

それから、男は自分の世界から出た時、何か特別なことをしたり、親愛の気持ちを示したりすることが大切だ。たとえば花を贈ったり、肩をマッサージしてあげたり。

これは効果的だ。そのことによって、女性は彼がふたたび愛に満ちた人に戻ったことがわかるのである。

「追えば逃げる」の本能を刺激していないか

男にとって、自分だけの時間を持つことで生じるパートナーとのトラブルは、頭痛の種だ。せめて自分の世界に閉じこもることを許してもらえれば、いや許されるどころか当然の権利として認めてもらえれば……というのが男の本心である。

ならば、女性はそんなパートナーにどう対処したらいいのだろうか。

たとえば、今まで、あなたは彼の後について〝男の世界〟にのこのこと入っていったりしていなかっただろうか？　そして、無理やりそこから彼を引っ張り出そうとしていなかっただろうか？

それは、相手の心への〝侵略行為〟だ。覚えておくべきは、彼だけの世界と領域は、決してあなたの場所ではないということだ。そこは、いくら愛し合っている関係でも〝踏み込んではいけない領域〟なのだ。

人間も動物だから「追えば逃げる」という本能がある。だから、男が逃避したら自由にさせておく――つまり、放っておけばいいのだ。いつかは彼も自分の世界から出てくるだろう。それを待っている間、あなたは買い物をするなり趣味に没頭するなりして自分の時間を楽しんだ方が、ストレスもたまらない。

このような態度をとるパートナーに対して、男は感謝の気持ちを抱くのだ。

そして、自分の世界から出た時、パートナーにわかりやすい信号――たとえば彼女に触れたり、優しい言葉をかけたり――を送ってあげるのだ。

男が自分の世界の中に閉じこもっていた時間が長ければ長いほど、女性がふたたび心を開くためにはロマンスが必要なのだから。

男にとって仕事は〃冒険《アドベンチャー》〃

男にとって、ひとりになれる場所は人それぞれだ。実際に自分だけの部屋を必要とする人もあれば、リビングでみんなと一緒にいても大丈夫な人もいるし、ドライブに出かけるという人もいる。

問題は「場所」ではなく、「精神的にひとりになれる」ことだ。

リネットはこんな打ち明け話をしてくれた。

「夫のクリスは、単身赴任をしていたことがあります。ロマンチックな週末を一緒に過ごした後、月曜日になると彼は仕事のために一週間も家に帰ってこなくなります。だから月曜日の朝、私はいつも落ち込んでいました。

なのに彼ときたら、幸せいっぱいの顔をして張りきっているではありませんか！　私よりも仕事の方が大事だと思っているのではないかと思うと、私は悲しくて……。どうして彼はもっと私と一緒にいたいと思わないのか、理解できませんでした」

しかし彼女は、男は自分の世界に閉じこもる必要があること、しかも独立心が旺盛で冒険好きだということを知ってから、彼がいそいそと出かけることを勝手だと思わなくなった。

飛行機は、彼の〝自分だけの世界〟だったのだ。そう、空を飛んでいても、彼は自分の世界に閉じこもって、一週間の仕事という戦いに備えて戦略を立てていたのだ。

今では彼女は、彼が張りきって出かけるのは、自分から離れられるからではなく、大好きな冒険に出かけられるからだとわかった。

平日の仕事のために彼が彼女のもとを去る時も、彼は冒険に行くだけで、必ず私のもとに帰ってくる……。そう考えると、彼女は自信を取り戻せたのである。

男にとって仕事は冒険《アドベンチャー》。
ひとりになって、じっくり〝戦略〟を立てる時間が必要になる。

〝愛情の空回り〟には理由がある

ベスト・パートナーになるためには、努力が必要だ。

相手を理解しようとする努力、自分自身のことを知ろうとする努力、そしてふたりの時間を大切にしようとする努力。

しかし、見当違いの努力では、成果は得られない。やはり愛情にもテクニックが必要なのだ。相手も自分も幸せにするためのテクニックを身につければ、ふたりの関係の〝空回り〟は解消していくだろう。

これはルーシーの話である。

「私は理想の男性にめぐり逢い、結婚し、三人の息子に恵まれました。私は今でも彼の腕の中で毎朝目覚め、忙しい一日の終わりには抱きしめ合い、いつも深い幸せに包まれています。

ピーターは、出会った時から私を幸せにしてくれるさまざまな技術を持っていました。たとえば、彼は私の話をひとことも漏らさず聞いてくれます。私がとりとめもなく自分の考えや気持ちを話し、しかもそれをくどくどくり返していても、数分、小一時間、時には数時間もじっと聞いてくれるのですから。

話を聞いている間中、彼は苛立ったり上の空になったりしないし、『無理やり聞いてもらっている』と私に感じさせたりしません。とにかく始めから終わりまで、全部聞いてくれるのです。アドバイスなどしないし、自分の考えを押しつけることもありません」

こんな素敵な結婚ができたルーシーは、幸せでいっぱいだった。

でも、こんなに女性の気持ちがよくわかるピーターにも、話を熱心に聞いてくれる時もあれば、何日もひとりの世界に閉じこもる時もある。

彼が何日も自分の世界に閉じこもっていたある夜、賢明な彼女は彼に聞いてみた。

「あなたは今、自分の世界にいるのね」

「うん、たぶんね」

「出てこないと、私ひとりでさみしいわ」

「ごめん、ごめん」

その後、彼はためらいがちにこう言ったのだ。

「でも、その中には君の写真が貼ってあることだけは知っておいてほしいんだ」

これで彼女は心がスーッと落ち着いていった。

今では彼が一週間くらい自分だけの世界に閉じこもっても、ふたりのことを大切に思っていることがわかっているので、彼をそっとしておくことができるようになったのだ。

男が〝自分だけの世界〟に閉じこもっていても、
そこにはパートナーの写真が貼ってある。

〝男が電話をかけたくなる女〟に共通すること

さて、電話はふたりの愛を深める大切な道具である。一般に、男は電話をあまりかけたがらず、女は男からの電話を待っているものだ。男から連絡がほしいなら、ただ待っているだけでも、逆に連絡をくれないと相手を責めたりしてもダメである。

「けなげに連絡を待っている」と男に思わせることができたら、そして連絡をもらった時に心から感謝を示すことができたら、ふたりの関係はプラスの方向に動いていくだろう。そして、男は電話をすることに喜びを感じるはずだ。

ジョシーは、電話に関するふたりのトラブルをどうやって解決したのだろうか。

「ハロルドは仕事で出張に行ってしまうと、めったに電話をくれませんでした。私と話をしたいと思わないなんて、まったく信じられませんでした。とても傷ついていた私は、ハロルドが戻ってきても、つれなくしました。あんなふうに無視された後で心を開くなんて、とてもできなかったのです。

これが彼にはわからなかったようです。『僕がいないのがそんなにさみしかったなら、なぜ帰ってきても、そんな態度をとるんだ。帰ってくれれば一緒にいられるのだから、もっとうれしそうにしても、いいじゃないか』というわけです。これではお話になりません」

以前の彼女は、こんなことを言う彼を身勝手だと思っていたが、その考え方は間違っていることに気づいた。彼は彼女と話したくないのではなく、ただ仕事に集中しているだけだとわかったのだ。電話をくれなくても、彼は早く仕事を終えて彼女と一緒にいたいと思っているのである。

すると、彼女の方でも「電話をくれなくてもいいわ。でも、連絡をもらえれば、とってもうれしいんだけど」と言えるようになったのである。

彼女のこんな変化をとても愛しく思ったのか、彼も最近は出張先からたまに電話をしてくるようになったのだ。でも、もう彼女は彼から連絡があるかどうかについて、あまり気にしていない。もちろん電話をもらえば、それを当たり前などと思わず、どれほどうれしいかを伝えている。

〝感情の暴走〟をうまくやりすごすには

感情、特に「怒り」は〝暴走〟してしまうことがあり、コントロールするのが難しい。しかし「短気は損気」と言うとおり、怒りの感情を爆発させて事態がよくなることはほとんどない。

それならば、カッとなってもそれをコントロールして、より「前向きなかたち」でふたりの関係を築くコミュニケーション法を身につけた方がいいはずだ。

キャロラインはフランクとのコミュニケーションについて話してくれた。

「私たちは心から愛し合っていたのですが、いくつか問題を抱えていました。フランクはとても短気ですぐ怒り、私はとても批判的で文句ばかり言っていたのです。ある日、私たちはかつてないほどの大げんかをして、深く愛し合っていることがわかっていたにもかかわらず、別れてしまいました。

でも、その後、彼は反省し、感情的になった時に自分の中で間を置くことや心身緩和法など、怒りを抑える技術を身につけました。そして私はと言えば、『自分の批判的で歯に衣着せぬもの言いは、自分自身の心の不安定さの表われだ』と知ったのです。八カ月後、ふたりはそれぞれの悪かったところを克服して、ふたたび新たなスタートを切りました」

大きな障害がなくなれば、ふたりの関係は確かなものになるはずだった。ところが、ふたりはもっと大きな問題につきあたってしまった。フランクは自分の世界に閉じこもりたがり、彼女はそれが嫌で、フランクを彼の世界から引っ張り出したがったのである。

しかし、彼女は私の本に出合い、ふたりの関係をよく考えて、彼が自分の世界にこもりたければ好きにすればいいと思えるようになった。彼は、その必要があるからそうしているだけで、自分の世界から出てくれば、もっと素敵な優しい人になっていたのだ。

　ふたりとも、それぞれの怒りをかわせるようになったとはいえ、時にはいらいらしたり、嫌な気持ちになったりすることもある。そんな時、彼女は彼にこのように言うようにしている。

「ちょっといらいらしてきたから、自分の好きなことをさせてもらうわ」

　そして買い物に出かけたり、友達と電話で話したりしてストレスを発散し、嫌な気分も取り除くのだ。


　ふたりが日常のコミュニケーションを意識的に行なうことで、男が自分だけの世界に閉じこもる頻度や、そこで過ごす時間も短くなるものだ。それは、はじめは難しいことかもしれない。多くの場合、どうしたらうまくコミュニケーションがとれるのかを最初から知っている人はいないからだ。

　でも、自分たちの努力で少しずつそれぞれの感情をコントロールできるようになれば、コミュニケーションの質は格段に向上する。

いくらそうしたことができるようになっても、完璧ということはないので、まだまだふたりは、お互いに怒りを覚えたりすることもあるだろう。でも、最初の一歩が踏み出せれば、次のステップも踏める。いつかは、感情のコントロール法、コミュニケーション法をマスターできるはずだ。

大切なのは、何事も心を込めてすること。これは難しいことではない。互いに少しだけ優しくなってみよう。きちんとしたコミュニケーションがとれていなければ、ふたりは感情の迷路で右往左往するばかり。でも、「心のコンパス」があれば、必ず迷路から抜け出せるはずだ。

自立している女《ひと》ほど、上手に男に頼ることができる

女性は、パートナーとすべてを分かち合うことを求めがちだ。もちろん、彼の考えていることや困っていること、必要なことなど、すべてを分かち合っていたい、そしてお互いを頼りにしていたいと思う気持ちはわかる。

しかし健全な親しさというのは、「ひとりでいる時間」と「ふたりでいる時間」の

バランスがとれて、はじめて保たれる。つまり、「自分の世界」と「ふたりの世界」のバランスがうまくとれていることが大切なのだ。

キャンディスは、とうとうそのことがわかったようだ。

「私は、いつか白馬に乗った王子様が迎えにくることを夢見ていました。でも、実際には、そんな理想の男性には出会えませんでした。私が出会った男性は、どの人もみな私と一定以上に親しくなることを恐れるのです。

どの男性も、つきあって二～三カ月もすると私から離れていきました。お互いの距離が近づくと、遠ざかってしまうのです。

つきあっている最中も、私が相手に話をさせようとすると、きまって『べつに』と口にして、気づまりな表情をしていました。私は、いつになったら『まともなおつきあい』というものができるのかと不安でした」

彼女は私の本を読み、昔のボーイフレンドたちは親しくなることを恐れていたわけではなかったと知って驚いた。彼らは、女性のようにすべてを話す必要がなかっただけだったのだ。それは彼女にとって、まさに〝目からうろこ〟の知識だった。

今ではボーイフレンドが少しくらい引いても、彼女はパニックになったりしないし、山のような質問を浴びせることも、無理やり話をさせることもなくなった。

それまでの彼女は、男性というのは必ず自分のもとから去っていくものだとあきらめていた。でも、今ではその理由がやっとわかったのである。

余裕を持って自然体で男性とつきあえるようになった彼女は精神的に自立して、「ひとりでも楽しく生きていける」と思えるようになった。

そして、だからこそ、男性とお互いに足りない部分を補い合うことの素晴らしさも実感できるようになったのだ。

ひとりでも生きていける強さがあるから、
パートナーと頼り合える喜びも深まる。

5章

あなたはどこまで相手を許せますか？

……〝つらい時期〟を乗り越えてこそ永遠のパートナーになれる

男と女がいい関係を築くためには、相手に期待をかけすぎず、相手をよりよく理解し、受け入れる努力が必要になる。

しかし、ふたりの間には受け入れられない問題が起こることもある。

そこで、この章では「許し」について考えていきたい。男と女の関係では、「ここまでは許せる」と「もう許せない」の限界を決めなければならないのだ。

「ノー」と言えない関係は本物ではない

嘘、浮気、暴力、侮辱などは、明らかに受け入れられない行為である。だから「私は許せない。はっきりと過ちを認め、二度とくり返さないと約束してほしい」と相手に宣言するべきだ。

もしパートナーが自分の重大な過ちを認めようとしない、あるいは人の手助けを嫌がるなら、多くの場合、唯一の選択肢はパートナーに自分の行ないの責任を自覚させるために別れることだ。

相手の不貞や裏切り行為に対して「ノー」と言うのは、つらいことだ。しかし、何度も何度も傷つけられるままで耐えることを愛とは言わない。愛すればこそ、時には思いきってふたりの間に境界を設けることも大切なのだ。

間違いをおかさない人はいない。そして、この間違いを許すのは「愛の力」だ。そして、許しがなければ、愛を育むことはできない。


ある意味では「過ちを許す」ということは愛に試練を与え、強める作用を持つ。逆に許さないということは、おかした側の過ちと同じくらい、ふたりの関係を傷つける。許せないと感じる本人はいつまでも心の痛みを引きずり、さらには相手にも変わるチャンスを与えられなくなるのだ。

許すことで傷は癒される。もしもあなたがパートナーに傷つけられたら、まずは二度と傷つけられないように身を守ること、次に相手のために「過ちを自覚し、自力で変われる」ように祈ることである。

多くのカップルが、お互いへの理解不足から小さな過ちをおかしてしまうものだ。これらの小さな過ちは、比較的簡単に許せるだろう。それは、その過ちが小さく、また明らかにパートナーの無知が原因で起こることが多いからだ。しかも、小さな過ちならカップルは一緒に笑えるだろう。

しかし大きな過ちをおかしても、パートナーや自分自身を許せたカップルもたくさんいる。とても小さな過ちを許すことから始めれば、しだいに許す力がついてきて、大きな過ちも許せるようになる。「愛の力」が大きくなっていくからだ。

「許す」は「愛する」と同じ意味

カップルの間で問題が起きた時、傷つけられた側に求められるのが「許す」ことならば、過ちをおかした側には「謝罪、態度を改めること」が求められる。

ふたりの愛を持続させ、さらに発展させていくためには、傷つけられた側が許し、そして加害者が態度を改める必要がある。

カップルに危機が訪れた場合、ふたりは問題をはさんで向かい合っている。過ちをおかした人はその過ち自体を直視する必要があり、もう片方は相手をどうしたら許せるのかを集中して考える必要がある。しかし、ふたりが力を合わせれば、傷は早く癒えるのだ。

もしも過ちをおかした側が謝りもせず、その態度を改める努力もしなければ、傷つけられた側は許すことはできないだろう。逆に傷つけられた側が許してくれなければ、過ちをおかした側は謝ることも態度を改めることも難しくなる。

問題が大きければ大きいほど、傷つけられた側は相手がもう二度と過ちをおかさないとは考えられなくなるし、過ちをおかした側はその過ちが簡単に許されるとは思わなくなる。

相手を許すためには、数カ月あるいは数年かかる場合もある。しかも許すのに時間がかかるのと同じで、態度を改めるのにも時間がかかる。

しかし「愛する」ということは、「パートナーの望みに尽くしたい」と強く思うことであり、心を開いて相手を受け入れることだ。

また許すとは、愛することと同じ意味を持つ。つまり、許すとは、まだパートナーのために尽くしたい、そして相手を受け入れられる、と自覚することなのだ。

一方、謝るとは、パートナーの言っていることを理解し、かつそれが正しいと認めること、また自らがおかした過ちとそれを改める覚悟があるのを認めることでもある。態度を改めることによって、愛し愛される力が養われる。過ちを許すことによって、心を開いてふたたび愛し愛されるチャンスが生まれるのだ。


許されることで、謝れる。

謝ってもらうことで、許すことができる。

浮気される方にも原因はある？

うまくいっていない関係は、たいていどちらに責任があるか、はっきりしている。特に大きい問題がからんだ時はそうだ。

結婚してからの異性問題に関する限り、一般的には善良な人とそうでない人がいるので、後者をパートナーに選んでしまった場合、その人とは別れるしかない。このような場合、傷つけられた側がおかした唯一の過ちは、その人を選んでしまったことだ。しかし、それにもかかわらず傷つけられた側には「許す」という責任が残っている。

そうやって傷つけられた側が一生懸命に許そうとしている間、過ちをおかした側はその問題を解決するための方法を一生懸命に考えなくてはならない。そして、時が経ち、癒され始めた時に、ふたりは和解できるかどうかを考え始められる。

では、やり直すべきかどうかは、どうしたらわかるか？　答えは誰にもわからない。自分の心に聞くしかないのである。

癒された後、やはりこの人とはやり直せない、結婚したくない、あるいは結婚生活を続けたくないという答えが出ることもあるだろうし、「この人を愛している、許せる、彼は変わった、だからこれからも一緒にいたい」という答えになることもあるだろう。

ふたりがしだいに癒されていくと、傷つけられた側と過ちをおかした側を隔てていた境界線があいまいになってくる。つまり加害者が一方的に悪いというのではなく、傷つけられた側にも多少の問題があったことがわかってくるのだ。

たとえば女性が問題を起こした場合、男は自分の態度やつきあい方が原因になっている可能性を考える必要がある。なぜならそれは、男が相手を無視してきたことが原因であることも多いからだ。

つまり、浮気はどちらが悪い、といちがいに白黒をはっきりつけることはできないのだ。このことがわかると傷は癒《い》えていき、ふたりは元のさやに収まることができる。

男は〝渦中〟にある時ほど客観性を求める

一般的に、男と女は痛手からの癒され方が違う。

男は自分の気持ちを話せるようになるまで、自分の世界に閉じこもる時間が必要になる。男は、「自分はただの被害者ではない、ある程度、自分でこの問題を解決できる」と感じることで心を開いていける。

男にとって最大の挑戦は、その問題が起きた原因が自分にあったことを自覚し、きちんと責任をとることなのだ。

男は「自分も彼女をきちんと愛していなかった」と責任を感じると、少なくともある程度までは状況を変えられると思う。しかし傷ついているのは事実なので、ひとまず自分の世界に閉じこもる。しばらくして客観性を取り戻すと、対処すべき問題における自分の位置や解決策が見えてくる。

客観的になるためには、一時的に問題から遠ざかる必要があることもある。たとえば休暇をとる、ただブラブラする、仕事に打ち込むなど、さまざまだ。あるいは、セラピストを見つけて気持ちを吐き出す人もいるだろう。

いずれにしても、自分の気持ちを理解し、問題における自分の位置がわかれば、ふたたびパートナーを愛し、許す気持ちがよみがえるのだ。

女性にとって「最大の挑戦」とは

女も男と同じ癒しの過程をたどるが、順序が違ってくる。女性が許す気持ちになるためには、まず自分の気持ちを聞いてもらった、わかってもらった、そしてその気持ちは正しいと感じることが必要だ。

許す気持ちになれば、彼女は立ち直り、問題における自分の位置がより明確にわかるようになる。

女性にとって最大の挑戦とは、怒りを静め、許す気持ちになることだ。

このプロセスは、優れたカウンセラーがいれば理想的に進むだろう。男が知っておかなければいけないのは、どれほど心から悔やんでいたとしても、「女性が安心するためには、人に気持ちを話すことが必要だ」ということだ。

だから、彼から「僕は何をしてあげられるのだろう?」と言われたり、カウンセラーのところに行ったりすること自体が、女性にとっての癒しなのだ。

「自分はきちんとサポートされている」と安心できる状況になってはじめて、彼女は自分の気持ちをより深く理解でき、癒しの過程を効果的に進むことができるのだ。

〝過ちの時間〟と〝癒しの時間〟は比例する

結婚生活における最大の試練の一つが浮気だろう。しかし、その裏切りの傷を癒し、信頼を取り戻したカップルはたくさんいる。

裏切りの傷から立ち直るために必要な時間は、過ちの時間と比例する。男が長い期間にわたって浮気をしていれば、女性が癒されるのにかかる時間も当然長くなる。
しかし、許し癒されるために必要なだけの時間をかければ、ふたりの関係は修復できなくもない。

浮気による危機は、ふたりの間に怒りや絶望といった強烈な感情を呼び起こすが、危機を乗り越えることで、愛はより確かで意義深いものになるだろう。試練を乗り越えたふたりは本物の愛に触れ、それは永遠に続く愛へと発展する。

このように癒されたカップルの話を聞くと、私たちの魂は刺激を受ける。それは愛の持つ限りない力が呼び覚まされるからだ。それは希望となり力となって、今現在の自分に感謝できるようになる。

それでは、裏切られても許しを見つけ、愛を育んでいったカップルの話を聞いてみよう。

これはリサの話である。

「スティーブンとは八年もの間一緒に暮らしていましたが、結婚していませんでした。彼は結婚に一度失敗していたので、失敗をくり返すことがこわかったのです。

でも、ふたりは『結婚しても大丈夫。何かあっても乗り越えられる』と思えるようになりました。不安はありましたが、話し合って少しずつ結婚の方向に向いていきました。そして、ふたりの思いが一つになり、ようやく結婚式の日取りも決まりました。

結婚式も近いある日、スティーブンが『話しておかなければいけないことがあるんだ』と切り出しました。彼が涙を流していたので、とても大事なことだとわかりました。私は胸騒ぎがしました。

『リサ、聞いてくれ。僕はとんでもない間違いをおかしてしまった』というのです。彼は浮気をしていました」

彼は、今はすっかり反省していて、すべて自分の責任だと過ちを詫びた。しかし、彼は彼女を裏切っていたことに強い恐怖すら感じていたようだ。

リサにしてみれば、それはショック以外の何ものでもない。しかし彼女は、それまでに原因もわからないまま、ふたりの間に距離があることを感じていた。何かあるとは思いながらも、自分の悪い勘を信じたくなかったのだろう。

スティーブンは、彼女に結婚するかどうかの選択肢を与えた。

いつか〝魔がさしただけ〟と笑える日がくる

スティーブンが浮気をしていたのは、決してほめられたことではない。が、告白する勇気を持てたことは、彼が以前よりも誠実に、自分を大切に、嘘をつかずに生きたいと思うようになったという証拠である。

彼は自分自身の人生に対していかに誠実であるか、また道徳や誠実さの基準を高く持って生きることがどんなに大切かということに、目覚めたのだ。

彼らは危機を乗り越える知恵を身につけていたので、この問題を克服することができた。

もちろん、彼女はあらゆることを問いたださなければならなかった。いつから、どこで、何回くらい彼女と寝たのか、どんな女性なのか、などなど。ふたりは毎日のように話し合った。そして、これは癒しの過程だったのだ。

リサは手紙に自分の思いのたけを書いてスティーブンと一緒に読み、返事をもらった。彼女はそれによって、どれほど癒されたことだろう。

気持ちを文字にすると、怒りや恐れの裏側に愛が隠れていることが、とてもよくわかるものだ。

彼女がスティーブンを完全に許そうと思ったのは、彼がすでに改心していることがわかったからだ。彼はもう何カ月も前にその女性とは別れていて、すでに新しい人生を歩み始めていた。彼は自覚的に生きるようになっていたのだ。だから、彼女は「魔がさしただけ」と、彼を許すことができた。

それから数カ月後、ふたりは結婚した。それはそれは幸せな結婚式で、天気もよく、美しい式場でふたりは星を仰いでダンスをした。完璧な、ロマンチックな一夜だった。男と女には、いつまでもロマンスが大切だ。彼らには、今では二歳になる男の子がいるので、完全にロマンチックな毎日は望むべくもない。

しかし、スティーブンはよく花を買って帰り、家に着くとまず彼女を探し、それから自分の身の回りのことをする。それに、どんなに忙しくても「どう、大丈夫?」と家に電話を入れる。こういった小さなことが、彼女に彼の思いやりを実感させるのだ。

前向きな、愛に満ちたコミュニケーションがとれるようになったことは、ふたりのためだけでなく、子供にとっても、とても幸せなことだ。両親がいつもどなり合ったり、父親は自分の世界に逃げ込み、母親はパニック状態というのでは、子供がのびのび育つはずがない。

まったくけんかをしないカップルはほとんどいないと思うが、前向きで愛のある明るいコミュニケーションさえ心がければ、家族は円満に暮らし、子供も安心して成長できる。それは幼い子供への、最高の贈り物にもなる。

スティーブンとリサは、もし正しいコミュニケーションの方法を知らなかったら、いまだに結婚もできず、子供もいなかっただろう。

男と女の真実を知り、コミュニケーションの技術を身につけたおかげで、彼らは救われたのだ。それも彼ら自身が心を開き、興味を持ち、よりよい関係を築きたいと思ったからこそである。

コミュニケーションのよしあしで、「許し」と「改心」の速度が決まる。

〝いちばんあってはならないこと〟が現実になったら

パートナーの浮気が発覚すると同時に、そこに子供までいるとわかった場合、被害者が癒されることは、ますます難しくなるだろう。しかし、許すのは不可能ではない。もちろん、その道は険しい。

ジェリーは、彼女の結婚生活がいかにして癒されたかを話してくれた。

「ある日、知らない女性から電話がかかってきました。相手は『あなたのご主人は、ある女性とつきあっていて、子供がいる』と話すと、一方的に電話を切ってしまいました。

私はそばにいた夫にそのことを告げました。はじめ彼は頭から否定しました。その夜遅く、ベッドに入って私はポツリと『子供がいるとなると、黙ってはいられないわ』と言いました。その時は、まだ悪い冗談であってほしいと思っていました。

夫はとうとう真実を告白しました。私は吐きそうになって浴室へ駆け込みましたが、こんな恐ろしい告白を受けてもなお彼を愛していることに、私自身、驚いてしまいました。それまでは夫に裏切られたら即、離婚だと思っていたのに……」

彼の情事は三年前に始まっていた。しかし、子供ができたとわかってからは、相手の女性と肉体関係はなかったという。しかし、彼はどうしてもそのことを妻に言い出せないでいた。それは、妻もその後すぐに妊娠したからだ。

そうして、彼はもうひとり息子がいることを隠したまま生きてきたのだ。彼とその女性との関係は終わっていたが、ただ子供のために友達でいたのである。

ジェリーは絶望し、激怒したにもかかわらず、彼と別れたいとは思えなかった。むしろ許したいと願い、そのための方法を心の中で探っていたのだ。

彼の浮気が発覚した頃、九年目になろうとしていたふたりの結婚生活は、いくつか問題を抱えていた。仕事や収入の問題、マイホームを買うかどうかの問題、ふたりの間に刺激がなくなったこと、そしてコミュニケーションの危機……。ふたりは苦しみ、悩んでいた。

彼女は愛する夫の気持ちが自分から離れ、もう自分に何の魅力も感じていないのではないかと心配していた。そんな心配が大きすぎて、彼が大きな秘密を背負って苦しんでいたことに、まったく気づかなかったのだ。

〝別れられない〟なら「やり直す余地」はある

浮気の真実を知ったショックの次にくるのは、拒絶反応だ。人は、あまりにもショックが大きすぎると、その事実を受け入れられず、否定しようとする。特にジェリーのようなケースでは、受け入れるには過酷すぎる現実だ。

しかし浮気が発覚した時、男の方が女性よりもはるかに深く混乱し、また否定する。彼は深く恥じ入り、告白するだけでは十分ではないこともよくわかっている。彼はふたりの間にあったものを自分がことごとく壊してしまったこと、元どおりにするには（もしそれが可能だとしても）、何年もかかることがわかっているからだ。

危機を乗り越える過程で、ふたりは何度も大げんかをして、くじけそうになるだろう。それぞれ別の人生を歩いた方がいいとさえ思うかもしれない。お互いに抱えている痛みや悲しみが耐えがたければ、別れた方が楽だと思うものだ。

それでもふたりが別れられないならば、まだやり直す余地はある。女性は話をすると感情的になり、男は自分の世界に閉じこもってしまうこともあるだろう。しかし、このような危機に瀕していてさえ、ふたりは愛し合い、それを伝えることができるのだ。

問題を抱えたふたりが危機を乗り越えるために大切なのは、どれだけその問題について話し合うかの前に、まずは事実をきちんと認識することだ。このプロセスは、精神的に疲れきったふたりにとって安らぎになる。

また、自分の望みを相手に伝える技術を身につけることも、とても大切なことだ。それはコミュニケーションの問題にもつながる。

愛し合って結婚したふたりでさえ、相手に自分の望みを伝えるのは難しいものだ。しかし、男と女はそれぞれ何を望み、また望まないかを知れば、コミュニケーションはスムーズにいくだろう。

そして、ふたりの問題が解決しても、それを「めでたし、めでたし」で終わらせてはならない。たとえその問題が解決しても、ふたりにはまだ越えなければならないハードルがたくさんあるからだ。

しかし、パートナーとの時間を、そして自分自身の時間を、そしてまた子供との時間を大切にすることによって、ふたりは次のハードルも越えていけるだろう。

「相手を傷つけること」を互いにしていた時の乗り越え方

片方が過ちをおかすと、必ずもう片方が傷つく。しかし、両方とも過ちをおかしていた場合、それぞれに被害者であり加害者でもあるということになり、事態はよりいっそう混乱する。

しかし、癒され立ち直るための作業がどれほど困難になっても、ふたりの間に確かな愛があり、立ち直るための方法さえわかれば、ふたりは永遠の愛を見つけることができる。

ジュリーは、ラリーとの話を聞かせてくれた。

「私たちは結婚して五年になり、五歳になる息子がいます。ラリーに出会ってその瞬間に恋に落ちたのは、私が十九歳の時。私の両親は彼を嫌っていて、彼とのつきあいを認めてくれなかったので、私たちは出会った四カ月後に駆け落ちしました。

しかし、そこは住み心地が悪かったので、故郷へ戻りました。その時に、私の妊娠がわかったのです。そこで、私は私の両親とラリーと息子と一緒に暮らすことになりました。

息子のジョシュが生まれた頃は、とても幸せでした。問題と言えばお金がないことだけ。夫は車のセールスマンとして一生懸命に働いていました。でも、もっといい働き口もあるということで、他の土地に引っ越すことになりました。私もついて行きましたが、住み慣れた街を離れることについて彼を責めました。これが問題の始まりでした」

ふたりの間には、しだいに会話もセックスもなくなり、共有するものがなくなってしまった。しかも悪いことに、彼らはそれを環境のせいにして、中途半端な状態だったにもかかわらず、アパートを出て家を買うことにしたのだ。これが糸口となり、ふたりの関係は悪化の一途をたどっていった。

その家には、前の通りが危険なので外で遊べない四歳の子供と、毎晩十時を過ぎなければ帰ってこない夫を待つ孤独な妻しかいなかった。

そうなると、まるでふたりは一緒に住んでいる他人である。彼女はよく彼のことを〝ルームメイト〟と言っていた。

そして事件は起こった。

彼女がある男性から美しいとほめられるようになったのだ。それこそ本当は夫から聞きたかったのに、彼は決して言ってくれなかった言葉だ。彼女の心は、その男性にとかされてしまった。彼女は自分の二十四歳という若さを思い出したのだ。

若くて魅力があると感じることは、とても素敵なことだ。彼女はその男性と話していると、家の問題をすっかり忘れることができた。「忘れる」のではなく「解決」しなければならなかったことなのに……。

彼女はすでにシングルになった気分でいた。寝室のベッドで彼女の隣でふとんをかぶって寝ている夫は、もう他人だった。そこにいるべきなのは、彼ではなかった。

ところがラリーもその頃、ある女性に出会っていた。この女性は、例の男性がジュリーに言ったのと同じことをラリーに言ったのだ。「あなたは素敵な男性よ」と。ほめられて悪い気になる人はいない。

すべてが明るみに出たところで、ふたりは話し合いを始めた。正直に、丁寧に、涙を流し、そして時には笑いを交えながら。その結果、一緒にやり直そうということになったのだ。

「異性としての魅力」を失わない大切さ

一度関係が壊れたふたりがふたたびやり直すためには、多くの努力と技術、そしてコミュニケーションが必要だ。

浮気という大問題が起こる場合、お互いがそれぞれ男であること、女であることに無自覚になっているケースが多い。

女性ならば、パートナーのためにきれいでいるように心がけることも、大切なことの一つだ。もちろん、男も男らしさをいつまでも追求したいものである。また、ふたりで外出する機会を増やすことも、刺激になる。

まだ手のかかる子供のいる時期は、男性は外で働いてばかり、女性は家と子供にかかりきりかもしれない。しかし、離れている時間は、それぞれの大切な仕事に集中するようにし、一緒にいられる時には、お互いが歩み寄る努力をすることで一体感は生まれるものだ。

いろいろなことがあったつらい年月というものは、そこで経験したことが教訓になり、毎日が新鮮な明日への糧《かて》になるだろう。ふたりはいつか、自分たちが学んだこと、そしてふたりの愛が大きく育ったことに感謝できるようになるのだ。

いつまでも〝新鮮な気分〟でいたいなら、

「男と女」であることに無自覚でいないこと。

〝過ち〟を告白する方法

ステディなガールフレンドがいながら、目移りする男。妻を愛しながらも、他の女性に惹かれてしまう男。そんな男たちにとって、浮気は病気のようなものだ。しかし、それは不治の病ではない。ちょっとした〝処方箋〟さえあれば、驚くほどすんなりと治ってしまうこともある。

ロバートはこんな話をしてくれた。

「クリスタルと結婚して十二年。三人のかわいい子供がいて、立派な家もあります。結婚してからの六年間は夫婦仲もよく、ふたりともセラピストとして成功していました。

たった一つの問題を除けば、すべて順調でした。僕は浮気をしてしまったのです。結婚する前から妻一人で満足できるかどうか自信はありませんでしたが、頑張っていました。

クリスタルは美人です。でも、僕は彼女に魅力を感じなくなってきたのです。しだいに他の女性のことを考えるようになりましたが、少なくとも行動には移しませんでした。

しかし、とうとう僕の浮気の虫が騒ぎ出してしまいました。三年間、何度も他の女性と関係を持ってしまったのです。

自分の欲求を満たせば、妻に対してまた情熱的になれるだろうと思いました。確かに最初はそうでしたが、時間が経つにつれて、ふたりの関係はもっと悪くなってしまいました。

僕は落ち込みました。人を助けるセラピストという仕事をしながら、自分の人生はどん底。そして、彼女からも笑顔が消えてしまいました」

とうとう、ロバートが妻に告白すべき時がきた。

嘘偽りは、いつか明るみに出さなければいけない時がくる。隠そうと思えば思うほど、罪悪感が募るだけだ。しかし、そんな話を切り出そうとするのは難しいことなのだ。

そこで、手紙で告白するという方法もある。口で話すにしても、手紙で伝えるにしても、当然、相手は深く傷つき、怒るだろう。しかし、まずは「伝える」というステップを踏むことが大切なのだ。

そこから先は、複雑な過程をたどらざるをえない。問題も、もっと大きくなってしまうかもしれない。パートナーはきっと、いつ、どこで、と山のような質問を浴びせてくるだろう。そして、ありったけの気持ちを吐き出すに違いない。過ちをおかしてしまった者としては、それを一生懸命に聞くしかないのである。

それは、とてもつらい時間だ。

しかし、その時間を耐えることで、相手は徐々に許し、ふたたび愛せるようにもなるのである。すると、それまでの冷たさが消えていく。

表面上は怒り傷ついていても、心の中は愛を求める美しく、愛しく、優しい気持ちがあるからだ。

そして、そんな相手を裏切ってしまったことを、過ちをおかしてしまった方は、さらに後悔するのである。

「パートナー以外の異性に惹かれてしまう気持ち」のやりすごし方

浮気をする側というのは、皮肉なことにパートナーに愛されているという意識がそれほど強くない。

しかし、相手を傷つけたことを申し訳なく思うと、はじめて自分がいかに愛されていたかに気づき、ふたたび相手だけに目がいくようになるのだ。

でも、相手の痛みや恐れを完全に癒してなくすには、ただ謝り、愛するだけでは不十分だ。必要なのは、二度と嘘をつかず、同じ間違いはおかさないと誓うことである。

しかし、それを言葉にするのは難しいことだ。

まず、どうしたら信じてもらえるのかも、わからない。「もう一度、自分の気持ちが変わったらどうしよう」という不安もあるかもしれない。

心に巣食った浮気の虫は、全滅させるまでには相当の努力と時間が必要だ。

「二度と嘘をつかない」と約束はできても、「二度と他の人に惹かれない」とは約束できないからだ。

男は恋人や妻を愛しながらも他の女性に惹かれがちである。これはごく普通のことだが、カップルがうまくやっていくコツは、他の女性に感じたそのエネルギーをパートナーに向けることだ。

特に男が他の女性に惹かれた時には、パートナーとのセックスを想像してみよう。これはとても簡単で、しかも大きな効果がある。それまでになく相手に魅力を感じるようにもなる。

ステディな関係や結婚は、終身刑を意味するものではない。永遠のパートナーになること、それはお互いが望んでいることなのだ。

6章

どうすれば「男と女」はわかり合えるか

……〝愛する自信〟〝愛される自信〟がわいてくる究極の法則

男と女はどれほど愛し方、そして愛の受け止め方が違うか――これは愛し合うカップルのサクセス・ストーリーにくり返し出てくる重要なテーマである。

もしあなたが違う国に行ったら、まずその国の言葉や文化、習慣について知ろうとするのではないだろうか?

言葉、文化、習慣といった基本的な知識があれば、無用ないさかいや誤解は避けられる。火星からやってきた男と金星からやってきた女が愛し合い、平和に暮らしていくためにも、そうした知識を持つことが必要なのだ。

〝愛のキャッチボールの仕方〟をマスターする

人を愛すれば、誰しも自分がそうしてほしいと思うことを相手にしてあげるものだ。

しかし、「自分がしてほしいこと」と「パートナーがしてほしいこと」がまったく違う時には、そうした気遣いはかえって逆効果になってしまう。

けれど、もしお互いの違いをはっきり認識していれば、それぞれの求めていることを尊重できるようになる。そうすれば、「パートナーにとって何がいちばんいいか、自分がいちばんよくわかっている」などという思い上がりもなくなるだろう。

愛のキャッチボールの仕方がわからなければ、いつまでも失望やフラストレーションは解消できない。そして、私たちはいとも簡単に、パートナーへの不満でいっぱいになってしまうのだ。

しかし、思い出してほしい。

男は女性に「特別な扱いをされている、関心を持たれている、大事にされている、信じられている」と感じさせることが大切で、女性は男性に「信じられている、受け入れられている、感謝されている」と感じさせることが大切だということを。

これを自覚するだけで、男は「君のことを気にかけているよ」ということを女性がわかる行動をとるようになる。また、女性は男がしてくれたことに「うれしいわ」と感謝の気持ちを示すようになるのだ。

自分たちの愛の「新しい可能性」に目覚め、これまでとは違うかたちでパートナーを愛することを考えてみよう。

「うまくいかなかった経験」は必ず次に生かせる

「幸せな結婚をしよう」という前向きな考え方ができる人は、たとえばパートナーとどうしてもうまくいかなかったら、別れることもできるし、また自分にとって正しい結婚に向けて、もう一度チャレンジすることもできる。

少なくとも、「よくない結婚」がどんなものかわかっているので、それをくり返すことだけは避けられるのだ。そしてまた、いい結婚ができた時には、その素晴らしさを受け入れることもできる。

デビーはいわゆる果報者だ。

「結婚前、スペンサーは私の祖母と電話で話したことがあります。祖母は彼に『あなたはデビーがどんなに素晴らしい娘か知らないでしょう。こんなにいい娘は、どこを探したっていないわよ』と言いました。それを聞いた彼は『おばあさま、僕はデビーをプリンセスのように扱うつもりです』と言ってくれたのです。

彼は実際そのとおりに、私をいつもプリンセスのような気分にしてくれます」

じつは、デビーはスペンサーに出会う前に、パートナー選びに失敗したことがあった。前夫は親切で優しい人だったが、彼女とは波長が合わなかったのである。ふたりはことごとくものの見方、考え方が違っていた。

今だから笑って話せるが、デビーの結婚式に出席した友人たちは、その結婚がいつまで持つか賭けていたそうである。一年後の自分たちの姿が見えていなかったのは、彼らだけだった。

離婚後の彼女は、最高にハッピーな独身者だった。彼女ほどシングルの日々を楽しんだ人はいないだろう。一度結婚に失敗しても、たいていの人はふたたび結婚したいと考えるものだが、彼女は男性とデートをするだけで十分に楽しかったのだ。

そして、彼女はしだいに男性を見る目を養い、より自分にふさわしい男性に出会うようになっていった。彼女が求めていたのは、週末や年末を一緒に過ごしたり、パーティーに同伴してくれる人だった。

しかし、スペンサーは彼女に出会った時、結婚したい、ずっと一緒にいたいと告白した。パートナーを探していたからだ。でも、彼女は断った。結婚などしたくなかったのだから。ところが、彼は彼女の気持ちが変わるまで待つと言ったのだ。

そして、彼女はしだいに「彼と一緒にいたい」と心から思うようになっていった。

〝感謝の気持ち〟がふたりの絆を強くする

パートナーとの関係で大切なのは、現実を受け入れ、相手を変えようとしないこと。デビーとスペンサーのふたりには、このような考えを受け入れる天性があったようだ。なぜなら、ふたりは出会う前からそれを実行してきたからである。

スペンサーは、彼女を喜ばせるテクニックを最初から持っていた。

たとえば、彼はいつでも財布の中に、彼女を喜ばせるための買い物リストをしのばせている。彼は彼女が自分に話したことだけではなく、人に話していることの中からも小さなヒントを拾い上げて、忘れないように書きとめておくのだ。

「とってもかわいいものがあったの」「あそこのお店に素敵なヘアピンがあったわ」

「あの歌は最高ね」などと彼女が言えば、彼はそのお店や歌などの名前をすかさずメモしておく。そして、彼はいつも特別なプレゼントで彼女を驚かせたり、感動させたりしているのだ。

彼はこまやかな思いやりもある。彼女はベッドにゴミが落ちているのが何より嫌なのだが、彼は小さなほうきを買ってきて自分のベッドの横に置き、いつもきれいなベッドルームであるように心遣いをしている。小さなことだが、彼女はとても感動したのだ。

それから、ふたりは感謝の気持ちを大切にしている。もちろんお互いに対してもそうだが、自分たちを取り巻くすべてのことに対して、感謝の気持ちを表わすようにしているのだ。

たとえば一緒に食事ができること、共に生きていけること、また助けが必要な人に提供できるだけのお金を持っていること。

ふたりはコミュニティでボランティア活動もしている。もちろん、すべてのカップルがボランティア活動をする必要はないが、ふたりで一緒に楽しい活動ができる絶好の機会になる。それに、そのようなことをする時間があるのも幸せだ。ふたりで一つのことを一緒にするということは、確実に絆を深めるだろう。

自分が相手を愛しているだけではなく、相手が愛してくれていると考えるだけで感謝の気持ちが込み上げてくれば、そのカップルは本物だ。相手のためなら何でもしたい、そしてそのことに相手が気づいて感謝してくれる――これはとても幸せなことなのだ。

現実を受け入れ、相手を変えようとしない。
たったこれだけで、「本物のカップル」に近づける。

相手の「言葉」や「行動」を深刻に受けとめすぎない

愛し合っているはずなのに、けんかが絶えないというカップルはたくさんいる。彼らに必要なのは、自分たちのコミュニケーションの方法を知ること。時には専門家の助けを借りなければ、切り抜けられない場合もある。

しかし、手にした技術は一生ものである。


シェリーの話を聞いてみよう。

「夫のデイブと私は、夫婦問題専門のカウンセリングを受けていました。つまらないことで、けんかばかりしていたのです。お互いを愛していないわけではなかったのですが、どうしてもけんかになってしまいました。

たいていの場合は、コミュニケーション不足からくる口げんか。私は心理学の修士号を持っているのだから、お恥ずかしい話です。勉強不足だったのでしょうか。いいえ、そうではありません。まさに『医者の不養生』だったのです」


ふたりには、けんかをせずにコミュニケーションをとる方法が必要だった。

相手の言葉や行動を一つひとつ深刻に受けとめすぎずに、もっと気軽にありのままに受けとめてみたらどうだろう?「あなた、自分の世界に入っちゃったみたいね。じゃあ出てきたら教えてよ」とか「さあ、どんなことを思っているのか、もっと話して」などと言ってみるのだ。

このようなことが言い合えるだけで、毎日のコミュニケーションはとてもスムーズになるだろう。お互いの役割を知れば、けんかをする必要などほとんどなくなるのだ。


相手を安心させる何気ない〝ひとこと〟は「魔法の言葉」にもなる。

〝文句〟を飲み込めば、優しさに包まれる

こうしてけんかをしなくなったシェリーとデイブだが、去年の夏にちょっとした事件が起こった。

ふたりはプエルト・リコに、彼女の出張を兼ねて旅行に出かけた。プエルト・リコに着いた日は、水上タクシーで小島へ渡り、そのタクシーを降りたところで彼女の同僚やそのパートナーと合流し、みんなで一緒に島を探検する予定になっていた。

ところが小島に着くなり、デイブはグループから離れ、ひとりで勝手に歩き出してしまったのである。

彼女は一瞬、彼を追いかけて文句を言おうとした。

「ひとりで勝手に行ってしまって、私をほったらかしにするなんて、どういうつもりなの？　同僚たちに私たちの仲が悪いと思われてしまうじゃない。恥ずかしいったら、ありゃしないわ」

でも、彼女は思いとどまった。デイブは自分の世界に閉じこもったのだと気づいたからだ。だから、そっとしておいてあげた。

彼はおそらく、はじめて会う人たちばかりの中で少し気後れしてしまい、しばらくひとりになって気持ちを静めたかったのだろう。

シェリーが夫をひとりにしておいた方がいいと判断したのは、正解だった。実際、あの時の彼にはひとりの時間が必要だったし、彼女が黙ってそうさせたことで、彼は気分よく戻ってくることができたのだ。

戻ってきた彼は最高の夫として彼女をサポートし、彼女は同僚に夫を紹介できたことを誇りに思えた。女は男を信じて自由にすることで、彼から望むものを手に入れられる。

ふたりのうちのどちらかが大きな理解を示すようになると、相手も同じように理解を示すようになる。

ある日、シェリーは仲のいい女友達と、一日がかりで買い物に出かけることになった。彼女たちが買い物の計画を立てていると、デイブが声をかけた。

「女性には女性だけの時間が必要さ。好きなだけ買い物を楽しんでおいで。君が戻る前には僕も家に帰って、ディナーを用意して待っているからね」

こんなことを言ってくれる男性が、他にいるだろうか！　シェリーが極上の幸せに包まれたのは言うまでもない。

女は男を信じて自由にすることで、
彼から〝望むもの〟を提供してもらえる。

満たされるセックスのために必要なこと

男と女は違う存在であると認め、そしてお互いについて理解を深めること――それはセックスライフまでも改善させる。

私は『愛が深まる本』（三笠書房刊）の中で、本当に素晴らしいセックスをするために必要なことを書いた。満たされたセックスライフを持つカップルは、精神的にもいい関係が築けるようになる。それは、すべてのカップルの願いではないだろうか。

アリスは、こんな話をしてくれた。

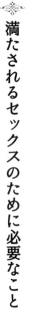

「夫のアンドリューは、質実剛健な性格なので、自分の気持ちを表現するのがとても下手です。以前の私は、彼のそんなところが耐えられませんでした。愛されている実感もないし、彼と生活していても一体感がなかったのですから。やがてセックスをする気もなくなってしまいました。

私はセックスの時に気持ちを高めるためには、愛情をたっぷり注いでもらわないと気がすみません。何度も何度も『素敵だよ』と言ってもらわないと燃えないのです。男性は口数が少ないものだということは頭ではわかっているのですが、そんな言葉を言ってもらえない私は絶望的な気持ちになっていました」

アンドリューには、アリスを愛する気持ちは十分にあった。でも、ふたりのセックスを一つの山と考えるなら、彼は山をはさんで彼女と反対側にいたので、彼女の姿が見えなかったのだ。

セックスは素晴らしい冒険旅行だ。その旅路は、お互いに協力し合わなければ目的地に到達することはできない。

アンドリューは、今までの自分を反省し、彼女が必要としている言葉を口にするように心がけた。そしてセックスの後は、彼女に優しくあたたかく接するようにした。彼は「愛しているよ」とか「素敵だよ」などと言うようにし、彼女を抱きしめて、背中を優しく撫でたりするようになった。お互いの腕の中で、彼は心を開いて話をするようにした。

すると、彼女は愛されていることを深く実感できるようになったのだ。

男は、セックスの時に女が何を考えているのか、何をしてほしいのかを知れば、彼女を喜ばせる愛し方ができるようになる。そして、その逆もまた、然り。

男と女の欲求や反応が違うことを知れば、セックスの問題を克服して、快適なセックスライフを送れるようになるのだ。

「相手の要望を聞き、応える」積み重ねが大切

女性はいつも、男にとって対等のパートナーであることを望んでいる。そのためには「愛の基本形」を忘れないこと。それは〝ギブ・アンド・テイク〟だ。

ビクトリアの話を聞いてみよう。

「私にはたくさんの苦い過去がありますが、やっと本当の愛を見つけることができました。

前の彼は彼なりに私を愛してくれましたが、彼は私をいちばん大切にはしてくれませんでした。私よりも友達の方が大切で、『もっと愛して』と言う私をうるさがった

のです。何とかしようとしたけれど、もう打つ手はありませんでした。そして、彼と別れたのです。

そんなことがあって、男性に対してガードを固めていた私は、友人にエドワードを紹介された時、彼と親しくなるなんて、つゆほども思いませんでした。しかも、エドワードには恋人がいました。でも、彼は私のために恋人と別れてくれたのです」

その時、彼女はまだそれほど彼と気が合うとは思っていなかった。しかし一年後、ふたりともとても自然なかたちで、一緒になるための心の準備がすっかりできたのだ。それは、これ以上はないタイミングだった。

彼らは、最初から一足飛びに愛し合わなかったことがよかったようだ。一年という時間をかけて、まずは友達になり、関係の基礎を築くことができた。そういった時間の中で、言葉と心を尽くして話をしながら、お互いに驚くほどの共通点と、そして違いを持っていることを理解していったのである。

エドワードは女性にとって、まさに理想の男性だ。

嘘をつかず、親切で、あたたかくて、真摯で、感受性が鋭くて、タフで、心配りができて、優しくて、理知的で、責任感にあふれ、思慮深くて、理解があって、魅力的で、おもしろくて、親しげで、穏やかで……数え上げればきりがない。

しかも彼は彼女に対して、対等なパートナーとして尊敬の念を持って接している。ふたりはいつも心ゆくまで抱きしめ合い、寄り添って眠り、語り合う時間を持つ。そうやってふたりの時間を分かち合い、大切にしているのだ。いちばん大事なことは、お互いの願い、望み、要望をよく聞き、それに応えること――つまり〝ギブ・アンド・テイク〟を忘れないことである。

けんかをしたら「愛の基本形」を思い出す

エドワードは、彼女にできるだけ玄関まで来て「お帰りなさい」とあたたかい抱擁で迎えてほしいと言う。そして彼女は、一日外で働いて疲れている彼を癒してあげれば、自分への愛がますます強くなることを知っている。

「相手の望みが満たされると、自分の願いもかなえられる」これは男と女の「愛の基本形」だ。だから、彼女はお帰りなさいの抱擁を欠かしたことはない。

それでも、ふたりはけんかをする時もある。言い争いもするし、お互いを嫌いになることもある。

彼女が怒っていると、エドワードが自分の世界へ逃げ込んでしまうことだってある。だが、彼がいつまでもこだわって尾を引くようなことはない。

彼らはいさかいよりも「強い優しさ」を思い出そうと努力するので、すぐに仲直りできるのだ。


男と女が出会い、それまで知らなかった幸せや愛を見つける――これはとても恵まれたことだ。

まだ〝生涯のパートナー〟と呼べる相手がいない女性は、素敵な関係を築くための〝出会い〟を手に入れるために、常に心、目、そして耳をよく開いておかなければならない。感覚を研ぎ澄まし、運命の出会いに備えて、いつでも心の準備を万端にしておこう。

男が女に、女が男に贈る〝特別なプレゼント〟

恋愛と結婚にはさまざまな違いがある。結婚すれば恋愛時代には思いもしなかった問題が出てきたり、考え方の違いから衝突したりする。

お金、セックス、仕事、ふたりの時間、子供……こうしたことについて、お互いの考え方が違うのは当然である。しかし、そのことを忘れてしまうから、「結婚したら冷たくなった、がんこになった、わがままになった」などと考えてしまうのだ。

たとえばプレゼントを買う時、男は最後の瞬間まで何を買うかを決めない。しかし、女性は前もって買うものを決めておくのが好きだ。これは、よくけんかの種になる。

しかし、相手の考え方、行動を変えようとしても、変えられるはずもない。

それならば、お互いの好きなように買い物をして、むしろ相手の買い物の仕方を新鮮な驚きを持って見た方が楽しめるだろう。

また、男は自分の車やステレオ、コンピュータなどの機能の素晴らしさを見せれば、女性も喜ぶと思っている。しかし、女性の興味はもっと違うところにあることが多いものだ。

しかし、お互いの存在に興味があれば、相手が趣味の世界や得意な分野について語るのを楽しみ、自分の世界も広げることができる。

愛し合うカップルは「お互いの立場を認め合う」という特別なプレゼントを毎日贈り合うことができる。

たとえば、男が彼女にいつもそばにいてほしい場合、彼女の方が仕事から帰ってくるのが遅かったり、趣味に費やす時間が長かったりすれば、少しさみしいと思うだろう。

しかし、なぜ彼女に趣味や仕事が必要なのか理解できれば、がまんできるのだ。

逆に女性は、彼が仕事で疲れていたり悩んだりしている時は、たとえ自分の優先順位が「仕事の次」であっても、仕事に熱中している彼のことを尊敬できるのだ。

それに、いずれにしても男は愛する女のところへ帰ってくる。まるで伸ばしたゴムバンドが元に戻るように――。

〝指示や命令〟で男を動かすことはできない

何度もくり返すように、カップルにとって大切なのは、コミュニケーションである。そしてコミュニケーションに大きく作用するのが、タイミングだ。

男性と話をしたい時、女性は慎重に時間を選ぼう。

たとえば男がテレビでスポーツ番組を見ていたり、ガレージで何かしていたり、小切手や請求書の計算をしたりしている時などは、あまりよいタイミングとは言えない。なぜなら、自分の世界に没頭していることが多いからだ。

こんな時は話しかけたりせず、しばらく待つのがいちばんだ。コマーシャルや仕事の合間のブレイク、信号が青に変わるのを待つ間のように。そして、タイミングを見計らって、彼の意見を聞いたり会話を始めたりするのである。

また、男に何かをしてほしい時の頼み方もひと工夫しよう。

男はあまのじゃくなところがあって、頼まれると逆らいたくなるものだ。だから、指示したり命令したりするかわりに、「お願いできる？」とか「～してほしいのだけれど」と頼めば、喜んでしてくれるだろう。

そのような気遣いや会話の積み重ねによって、コミュニケーションの質は格段によくなっていく。女性が丁寧な言い方をすることで、男性にイエスと言わせる回数はぐっと増えるのだ。

恋人時代や、新婚当初の女性は、男に何でもしてもらえるものと思っている。しかし、パートナーには相手のすべての要求を満たす義務はない。自分の要求を満たすのは、自分の責任――つまり「自分のことは自分で」というのが基本だ。

愛しているからこそ、相手に重荷をかけすぎない思いやりが必要なのだ。

違う惑星からやってきた者どうしがうまくやっていくには、絶えまない努力が必要だ。毎日、ふたりには新しい課題が出てくるだろう。

そのような日々の中で、心身ともに健康に暮らすコツは、お互いの違いをしっかり頭に刻み込み、ユーモアを忘れず、すべてをあまり深刻に考えすぎないで、肩の力を抜いてつきあっていくことだ。

女が丁寧な言い方を心がけると
男に「イエス」と言わせる確率は高まる。

いいカップルほど〝きれいな年輪〟を重ねる

カップルの相性というものは、出会い、フィーリング、タイミングなど、さまざまな角度から見ることができる。また家庭環境といった要因もあるだろう。

エイドリアンの両親は、彼女が十一歳の時に離婚している。逆にショーンの両親は、結婚して四十五年になる。

家庭環境が似ているカップルは、うまくいきやすいと言われている。だからこの場合、ふたりの結婚がうまくいく確率は五分五分ということになる。では、彼らが二十年以上も一緒にいる理由は何だろう。

エイドリアンは自分たちの右に出るカップルはいない、と自信に満ちあふれている。

「ショーンとは私が十八歳、彼が二十歳の時に大学で知り合いました。私たちのロマンスがうまくいったのは、まずは友達になって、それから恋人になっていったからだと思います。私たちは、ゆるやかに信頼関係を築いていきました。

彼と恋に落ちる前は、男性にこりごりしていました。男性なんて信用できない、ただセックスがしたいだけだと思っていたのです。私の淡いロマンチックな理想は、それ以前につきあっていた男性との経験で消えてしまったのです。

だから、ショーンとキスしたのは、出会ってから一年後でした。彼はキスしてもすぐにセックスを強要しなかったので、私はますます彼を好きになりました。

恋人としての彼は、こまやかでロマンチックで、しかもとてもセクシーでした。そして出会ってから二年後、私たちは結婚しました」

そして、ふたりの間には二十年の月日が流れた。ふたりの愛は歳を重ねるごとに深まり、一緒に新しいことに取り組むたびに絆が強くなっているという。

エイドリアンは教師、ショーンは劇場のマネージャーとして多忙な毎日を送っている。しかし、たとえばショーンが仕事で帰りが遅くなるようなことが続いても、ふたりは信頼で結ばれているので、関係がギクシャクしたりしない。少しさみしい時は、エイドリアンは友達と出かけたりする。家に引きこもって暗くならないようにしているのだ。

彼らの場合、「遠ざかるほど思いが募る」のである。心はずっと一緒にあっても、物理的にベッタリではない——それが彼らのライフスタイルなのだ。

それでも、ふたりは仕事の面で支え合っている。ショーンはいつも彼女に意見を求めるので、彼女は彼がかかわった舞台は、ほぼすべて見ている。また、彼も彼女の教え子たちのお芝居には、いつも顔を出すことにしている。

祭日に彼女が学校の行事で影絵をする時なども、彼は朗読を担当して協力してくれる。しかも、ショーンは学校行事の後片づけを手伝ったり、学校の寄付金を集める時にも率先して参加するのだ。

相手に対して自分ができることを惜しみなく与える——そんな姿勢があれば、ふたりの関係はとてもよくなるのだ。

〝お願いごと〟は一呼吸おいて、控えめに伝える

カップルがコミュニケーションをとるのにいちばんいいのは、お互いがくつろいでいる時である。仕事から戻ったすぐ後や仕事に追われている時、疲れている時、病気の時などは、かえって逆効果である。懸案事項がある時は、まずそれを片づけてから時間をつくれば、ゆったりとくつろぐこともできる。

お互いが望むことを率直に話し、自分勝手に判断しないで聞くことも大切だ。

それから、お願いごとをする前に一呼吸おいて控えめに言えるようになると、相手は「自分は頼りにされている」と感じ、力になってあげようという気持ちもわいてくる。

また、仕事で徹夜しなければならないような時は、お互いにメモを書いて残すといいかもしれない。忙しい時は、このような手間をかけることで、お互いの気持ちがバラバラにならないようにするのである。

子供がいるカップルは、いずれ子供が巣立てば、出会った時と同じように、またふたりで生きていくことになる。これまでと同じように、ふたりの人生に起こる出来事から、いろいろなことを共に学んでいくだろう。また男性が仕事をリタイアすれば、それに伴ってふたりの間にも変化が引き起こされるだろう。

しかし、強い絆で結ばれてさえいれば、どんな問題も必ず乗り越えられるのだ。

〝女の干渉〟が男をダメにする

また、つきあった男性が危なっかしくて見ていられず、彼の治療者、教師、母親であろうと気負ってしまうタイプの女性がいる。自分のことはさておき、相手に尽くしてしまい、エスカレートすると〝干渉〟し始めるのだ。

しかし、忘れないでほしいのは、男は女性に信頼されることを無上の喜びとすることだ。

ありのままの自分が受け入れられ、しかもパートナーとの絆が深められるというのは、本当に幸せなことだ。誰もがそうできればいいのだが、何らかの理由で本当の自分を相手にさらけ出すことができないこともある。

女性が過去の男性との関係を振り返ってみてわかるのは、誠意を持って一生懸命につきあっていたつもりでも、心ない言動でその関係を壊していたということだ。

男と女はそれぞれ何を求めているのか、また男と女の関係には何が大切かという知識は、プライベートのみならず仕事にも生かせる。異性の同僚、上司、部下とのコミュニケーションが以前よりも円滑にいくだろう。

「心の痛手」から立ち直る方法

パートナー選びに失敗して深い傷を負ってしまうと、「自分はどうせダメだ」とか「私にふさわしい人なんていないんだ」と自信を失いがちだ。必要以上に臆病になったり、極端な行動に走ったり、そうかと思えば、また同じような失敗をくり返したりもする。

しかし、心に大きな怒りや悲しみをためたままでは、新しい一歩を踏み出せないし、素敵な出会いもみすみす遠ざけてしまう。過去の失敗への恐怖を克服すれば、素晴らしい世界が開けるはずだ。

それでは、ミッチのパートナーになったフランクの話を聞いてみよう。

「僕は二十一歳の時に十七歳のオーストラリア人女性と結婚しました。でも、すぐに彼女はアメリカ人と結婚してアメリカに定住したかっただけだとわかったのです。僕は罠にはまった気がしました。これは正しいことではない、結婚生活を続けたくないと思ったものの、自分に自信がなくて言い出せませんでした。

結局、娘が生まれて三週間後、妻が僕の親友と浮気していたことがわかり、離婚しました。それ以後、二度と意に染まない結婚はしないと心に決めました」

それからの彼は、自由なシングルライフを謳歌した。恋人もいたり、いなかったりで、刺激的な女性と一緒に暮らしていたこともある。

しかしある日、夕食の時に彼女がこう言った。

「結婚してくれない?」

一瞬、料理を口に運ぼうとしていたフォークを持つ彼の手が止まってしまった。彼女がそう言うのも当然の関係だったのだが、彼には「自分は金輪際、結婚しない」という誓いがあった。そして、その関係は終わりを告げた。

それからも、彼は魅力的な女性に何人か出会ったが、自分の信念を曲げられずに、つらい思いをしながら別れをくり返した。別れを決めた後の彼は、きまって生活がすさんでいった。

若くて美しい女性と一緒に暮らした時期もあったが、しかし、それも無残な結末を迎えた。彼女は、彼の親友と深い仲だったことを告白したのだ。それは彼にとって、まるで鏡に映したような、こだまを聞くような体験だった。最初の結婚とまったく同じパターンだったからだ。

彼は途方に暮れ、精神的に追いつめられ、もう何も考えられなくなった。


それからしばらくして、彼はミッチに出会った。彼は彼女のことを、あたたかくて優しい、素敵な女性だと思い、そして、どうしようもないほど彼女に惹かれてしまった。思えば自分ももうすぐ四十歳、いつまでもセックスのことしか頭にない独身男ではいけないと実感していた。

そして、ふたりはお互いの家を行き来するようになっていった。ミッチの家は豪勢とは言えないまでも、彼女の個性と美的センスがよく表われた、とても快適な家だった。至るところにろうそくが灯り、心地よい音楽が流れる家、そして自分に関心を持ってくれる人のもとに仕事から帰るのは、じつにいいものだ。彼女はそんなリラックスできる空間を、積極的に、しかもさりげなく演出していた。

しかも、彼女には強い信念があった。それはパートナーとの関係を通して互いにスピリチュアルな部分を成長させることだ。これこそ彼が心の奥底でずっと求めていたものだった。彼は彼女と出会うことで、心の痛手からようやく立ち直れたのである。

男と女の「本物の関係」は〝スピリチュアルな成長〟につながる。

男への〝プレッシャー〟は逆効果

しかし、それでもまだ彼は昔の考えにこだわっていた。一緒に住み始めても、彼はミッチに「結婚は考えないでほしい」と伝えたのである。しかし、彼女もそれについて、とりたてて何か言うことはなく、それ以後、結婚の話はまったく出なかった。

それから五年経った頃、ふたりはカウアイ島の奥深い渓谷で休暇を過ごした。

彼の誕生日でもあったその日、ふたりは見たこともないような素晴らしい場所を散策した。幾筋もの滝がさらさらと流れていて、まるでエデンの園にいるような気分になったという。ふたりは山のいちばん上の滝壺まで行き、さんさんと太陽が照りつけ、滝が落ちる水の中に入った。

その時、ふと何の前触れもなく、彼は「彼女にプロポーズしよう」と思いついたのだ。

プレッシャーはまったく感じなかった。こんなに愛している人がそばにいて、今日は自分の誕生日で、しかもこの世でいちばん美しいところにいる——それがすべてだった。でも、うまい言葉が出てこない。

しばらくためらった後、彼はようやく「結婚しよう」とプロポーズした。「は?」と彼女が聞き返し、彼はもう一度同じ言葉をくり返した。

「結婚しよう」

彼女は微笑んで答えた。
「もちろんよ」

男が結婚を決意する瞬間には、プレッシャーのない状態がいちばんふさわしい。過剰なプレッシャーがかかると、心から結婚したいかどうかがわからなくなり、結局は押し流されるような形で決断することがあるからだ。そんな不本意なプロポーズでは、自分ばかりか相手も不幸である。

ミッチとフランクは、結婚を決意するまでに五年かかった。でも、大切なのはその年月ではなく、ふたりの気持ちが純粋に一致することだったのである。

心の傷を癒し、前を向いて歩けるようになるためにかかった時間と努力は、必ず大きな実を結ぶのだ。

「ふたりの気持ち」が純粋に一致した時、
最高の形でカップルは共に歩んでいける。

〝愛される女〟になる「いちばんの近道」

女性にとって、男から大切にされることは、自分の「女らしさ」への大きな贈り物で、それは魂が癒される経験である。女性が自分の「女らしさ」を自覚すると、まるであたたかな日差しの中にいるような、素晴らしい気持ちになれる。優しくされることで女性は心から感謝の気持ちを示すことができ、そんな女性を見た男は、さらに彼女にいろいろなことをしてあげたいと思うようになる。

男にとって、愛する女性のために骨を折るのは嫌なことではない。むしろ「何でもやってあげたい、だから安心してほしい」と思っているのである。だから女性にとって大切なのは、パートナーを信じ、自分自身の〝ガード〟を外すことなのだ。

パートナーを信頼している女性は「女らしさ」を花開かせることができる。すると男は自分の「男らしさ」を再認識できるのだ。

男は女性を勇気づけられるとプライドをくすぐられ、さらにたくましくなる。そんな男を見た女性は、彼をますます頼もしく思えるようになり、こうして素晴らしい循環が生まれるのだ。

傷ついている女性であれば、癒されるのはさらに難しいかもしれない。そんな時、男は彼女に対して解決策など持ち出さずに、ひたすら話を聞いてあげよう。

男の仕事は答えを出したり、決断したりということが多く、「ただ聞く」ことには免疫がない。だから、はじめは実際に手で口を押さえなければならないほどだろう。

しかし、相手の話を「ただ聞く」ことができるようになれば、彼女の気分が井戸のように深く暗い場所に落ち込んでしまった時も、話を聞くことで慰めてあげることができる。そして、女性は自分に必要なことをわかってもらい、支えてもらえると、早く立ち直ることができるのだ。また、彼に話を聞いてもらえたことで、もっと彼を愛し、彼に感謝するだろう。

結局、パートナーを理解しようとする努力は、自分自身を理解する努力でもある。自分の心の垣根を取り払い、パートナーの愛を受け取り、自分の愛も与えられるようになることは、お互いにとって素晴らしい贈り物なのだ。

終わりに

「大切な人」と最高にいい関係を築くマジカル・ルール

歴史上かつてないほど人間関係にストレスがかかる現代、離婚率は高い数値を示している。しかし、それは人々が愛し合っていないということではない。むしろ、パートナーにより多くの「心の支え」を求めていることの表われなのだ。

太古の昔、男と女は身を守るために一緒になった。まずは生き延びるために、お互いを必要としたのだ。

しかし、現代はそうした理由だけでは、男も女も満たされない。お互いを愛し、幸せになり、心を満たし満たされるために、お互いを必要とするのである。

男と女は一生をかけて愛を育むために結婚するが、その結婚生活が幸せなものとなるためには、それ相応の知識と経験が必要だ。もちろん一足飛びにはいかず、最初のうちは、かなりてこずることもあるだろう。最善を尽くしてさえ、心に迷いが生じたり、愛を失ったりする時もある。


しかし、たとえ愛を見失っても、あなたはもう一度必ず愛を見つけることができる。この本に集めた〝愛のサクセス・ストーリー〟の中から、愛をよみがえらせるためのヒントを見つけてもらえれば幸いである。

もし、あなたがまだ癒えない過去の傷を引きずっているなら、この本は大きな自信を与えるだろう。

また、すでに絆がしっかりしているなら、その理由を思い出させてくれるだろう。

この本をあなたの大切な人とともに読み、そのエッセンスを自分のものにしてほしい。すると、にわかにあなたの愛が強まり、愛の花が咲き始めることだろう。

この本にエピソードを提供してくれた人たちに、心から拍手を送りたい。

彼らの愛を育むための勇気、新しい〝視点〟や知識に素直に心を開く勇気には、本当に頭が下がる。

そして、あなたが愛のある人生を歩むために、本書のページを繰る時間を割いてくれたことに深く感謝します。

監訳者のことば

〝愛される女〟になるためのヒントがちりばめられている本

秋元　康

本書の著者ジョン・グレイは、アメリカの著名な心理学者である。彼の代表作『ベスト・パートナーになるために』は、「男は火星から、女は金星からやってきた」のキャッチフレーズで世界的なベストセラーになった。

男と女の心理に精通したグレイには、他にも『ベストフレンド　ベストカップル』『愛が深まる本』など、数多くの著作がある。そして、僕が彼の本を紹介するのは、恋の始まりから結婚までのルールを説いた『この人と結婚するために』に続いて二冊目である。

本書『ジョン・グレイ博士の「愛される女《わたし》」になれる本』では、グレイは男と女が一緒に生きていく上での「距離のとり方」を教えてくれる。

男と女の関係というのは「朝の洗面台にふたりで立つようなもの」だと僕は思う。

一緒に小さな洗面台の前に立って歯を磨けば、当然ぶつかってしまう。だから、お互いに体を斜めにしたり、前後に重なったり、相手をうまくよけてあげたりするわけだ。


そして、まさにこうしたことが、男と女の関係を象徴しているのではないかと思う。

もしも相手をよけるのが面倒だったり、使う時間を譲るのが嫌だったりするなら、ひとりになればいい。ひとりで生きていけばいい。

ところが、少し不便なこともあるけれど、それでも一緒に歯を磨きたいという思いがある。だから、そこで工夫をする。つまり、それは「ふたりで一緒にいたい」という距離をどう保つかということになるのだと思う。

「男と女は違う星からやってきた」という前提に立つ

そもそも、グレイは「男と女は違う星からやってきたほどに違う」という前提に立っている。しかも男と女というものは、それぞれが勝手な生き物で、そんなふたりが一緒に暮らしたり、一緒に時を過ごしたりするわけだから、大変なのは当たり前だ。それぞれの育った環境とか、習慣とか、文化とか、場合によっては言葉も違うことさえあるのだから。

そんな男と女がともに暮らすというのだから、当然それぞれが相手を思いやらなくてはいけない。

また、それ以前にそれぞれがひとりの人間だということを認め合わないと、きっとうまくいかないと思うのだ。

本来、恋愛というのは人間愛の中に含まれるものだ。まず人間愛というものがあって、人間愛のその中には、親と子の愛があったり、兄弟姉妹の愛があったり、親友との友情も含まれていたりする。そんな人間愛の中の一つに、恋愛という男と女の愛があるのだと思う。

だから、恋愛の熱が冷めたから相手に興味を失うというのは、はじめから人間愛がなかったということだ。

そこで、「その人との恋愛が、本当の愛かどうか」を確かめる一つの手段がある。

それは、もしもこの男性が女性だとしたら、親友になれるかということを考える、ということだ。

同性だったらこういうタイプは好きではないとか、同性だったらこの人とは友達にならないだろうな、という相手との関係はうまくいかないと思う。

逆に、同性でもきっと仲がよくて、一緒にお茶を飲んだり、一緒にご飯を食べたり、一緒に旅行をしたくなる……そんな男と女の関係というのが、長続きするのではないだろうか。

〝相手を知りたい〟という気持ちこそ恋の原動力

人を好きになるというのは、その人のことをもっと知りたいと思うこと。知りたいという気持ちが愛であり恋であると言ってもいい。だから、その相手のことを知りたいと思う間は、愛は続くのだ。そのためには、お互いが一つの世界を持っていることが必要になる。

グレイはこの本の中で、「男にはひとりの時間が必要だ」とくり返し書いている。

その他にも、男はたとえば彼女をほったらかして、男どうしで遊びに行ったりもする。これは、「自分の世界というものを持っていたい」という男の気持ちの表われなのだ。

それは、決して彼女のことをないがしろにしているのではなくて、自分の世界が必要だったり、「自問自答」の時間が欲しいということなのだ。それはたぶん、女性も同じことだと思うし、グレイも「男よりもひとりの時間がないとダメな女性もいる」と書いている。

たとえば、彼女がいつも自分を待っていて、彼女の思うことは手にとるようにわかって、彼女のことなら何でも知っているという状態になった時はどうだろう。男の気持ちは、その女性から離れていくだろう。つまり、もう独占欲が満たされて、興味がそれ以上わかないからだ。

また、男が女性とセックスしたとたんに冷たくなったという話をよく聞くことがある。それはその男性にとって、彼女に「セックス以外の興味」がなかったということで、「それ以上の好奇心」を持続できなかったということなのだ。

もっと知りたいという好奇心が洋服を脱いだその先にもあれば、もっと彼女と会いたいとか、もっとセックスをしたいとか、また話をしたいと彼は思うだろう。なのに一回で満足してしまうということは、セックス以上の興味が彼女に持てなかったということだ。

それは結婚生活でも同じで、どれだけ相手のことを知りたい、話したい、時間を共有したいと思うかは、お互いがミステリアスな部分を持っているかどうかということだ。

男と女の間には〝見えない部分〟が必要

ここで僕が言う「ミステリアス」というのは、「謎めいた女のふりをする」とかそういう意味ではなくて、自分の中の深さであったり、奥行きであったり、広さであったりする。

たとえば、誰かの初対面の印象を聞いた時に（初対面でなくてもいいが）、「ああ、あの○○を着ている人ね」とか「ああ、あの怒りっぽい人ね」とか、簡単に肩書きがついてしまう人はつまらない人だ。

つまり、着ていたものの印象しか残らないような人は、それ以上記憶に残るものがなかったということで、性格なり知識の幅が広ければ、あるいはおもしろければ、決してその人のことをひとことでは言い表わせないはずだ。

つまり、愛される女性、魅力的な女性とは、そういう「ひとことでは言い表わせない人」のことなのだ。女っぽいような、男っぽいような、積極的なような、消極的なような、頭がいいような、悪いような……とにかく、よくわからない。だから、魅力的なのだと思う。

僕はいつも、男と女の間には奥底で見えない部分というのが必要だと思っている。それを養うためには、お互いにひとりになる時間（べつに、それは孤独な時間という意味ではない）と自分の世界を持っているということが、重要なのだ。

だから、すでにつきあっている相手、もしくは一緒に暮らしているパートナーが、「あなたの後ろにいつもぴったりついている」というのでは、男はつまらない。

多くの女性が、恋をしたり結婚したりすると、その男の背中しか見なくなる。それはたぶん、女性がその男と同じ一つのレールに乗ろうと思ったり、「この人がすべて」となってしまうからだろう。

そうなると、飽きられる可能性は大である。

〝彼を中心〟に生きる危うさ

男というのは、ほとんどの場合、ものごとをカメラの俯瞰《ふかん》から見おろすように見ている。「こういう家に住んで、こういう洋服を着て、こういう時計をして、こういう車に乗って、こういう仕事をして、こういう友達がいて……。そして、その時にこういう彼女にいてほしい」というふうに。

しかし、女性の多くは、彼の背中しか見ていなくて、彼を中心に世界が広がっていくわけだ。つまり、先に彼に向けたカメラから、どんどん俯瞰になっていくのである。「彼と住む家はこんな家で、彼と乗る車はこんな車で、彼とこんな料理を食べて、そこに自分がいる……」というように。

これは、どちらもおかしいような気が僕はする。そうではなくて、まず大切なのは、彼がいようが、彼女がいようが、自分がどういうふうに生き、どういうことが幸せだと思うかをきちんと見極めることだ。

そして、そうしたふたりの生き方が一つになったり、重なり合ったりして、また違う一つの生活をつくっていくような気がするのだ。たぶん、それはよく言われる「ギブ・アンド・テイク」という関係とも違うのだ。

それから、女性がよく「結婚してくれる人がいない」とぼやくのを聞く。でも、僕は「してくれる」という言い方をしている間は、その人にはよい結婚のチャンスはないと思う。結婚とは「してもらう」ものではなくて「する」ものだから。

結婚はふたりの思いが重なった時にするものだし、そこからふたりの新しい世界が広がるのだ。

「一つの舟」でなく「二つの舟」が寄り添って生きていくように

僕は、結婚とは「二つの舟が寄り添って生きていく」ようなことだと思う。たいていの人は「一つの舟」だと言うけれど。

なぜなら、一つの舟にふたりが乗ってしまうと、彼女の方は自分の舟がなくなって、自分の世界がなくなってしまうからだ。

グレイは相手に「ノー」と言えない関係はダメだと書いている。これは当たり前で、すべてが「イエス」だったら一つの舟になってしまうし、決定権が相手にしかなくなるということだ。

そうなれば、操り人形やロボットのようになってしまう。

男は、世界を全部敵に回した時でも、自分のパートナーには味方であってほしいと思っている。だけど、いつも「イエス」「イエス」では、想像がついてしまってつまらない。

人間というのは、非常にわがままな生き物で、ある種、予測されるものに対しては、しだいに興味を失ってしまう。猿のように、永久運動をずっと見ているようなことはない。

つまり、ずっとこのままだなと思う女性に対しては興味を失ってしまうのだと思う。

それでは、どういう女性に興味を持ったり、ずっと愛し続けるかというと、「意見を聞きたくなる女性」なのである。たとえば、このシャツにこのネクタイは合うかとか、最近のヒット曲をどう思うかというように。「あなたはどう思うか」という質問をしたくなる女性というのが、魅力的な女性なのだと思う。

男の中にはプライドや、それなりの自信もあるわけだが、どこかで人の意見を聞きたいという思いもある。だけど、友達にも誰にも言えないことでも、自分の彼女には「ねえ、どう思う?」と聞きたいのだ。

もし、自分の彼女にネクタイが似合うかどうかとか、結婚式の祝儀はこれくらいでいいかとか、何でもいいが、そういうようなことを聞いてみたとする。そして、彼女の方に、そうした質問に答えられるはっきりとした世界観なり、センスなり価値観がないとわかったら、どうだろう。

昔からよく言うことだが、「何を食べに行きたい?」と聞かれて「何でもいい」と答える女性は魅力的ではない。

たとえば、「このネクタイどう思う?」と聞いた時に、「いいんじゃない?」と言うのは、「何でもいいんじゃない」という意味でもあるし、男性に対して意見が言えないのは、自分の世界を持っていないということになると思う。

母性本能も含めて、男性が女性に対して求めるものは「意見」だと思う。だから「ノー」というのは「意見」の一つだと思うし、必要な時に「ノー」と言えることは、重要なことなのだ。

精神的自立が〝自分らしさ〟につながる

またグレイは、「精神的に自立をしている人たちだから、よいカップルになれる」と書いている。僕は、「自分らしさ」や「女らしさ」というのは、この「自立」と大きくかかわっていると思う。

たとえば、いつも恋愛だけを追いかけている人は魅力的ではない。友達と集まれば、いつも恋の話をし、恋愛映画やテレビばかり見ている人は、決して魅力的ではない。

確かに、恋愛というのは人間の本能だから、楽しいことには間違いはない。でも、それがなくても楽しめる、そんな女性であってほしいと思うのだ。

昔、子供たちは野球のバットやグローブがなくても、サッカーボールがなくても、自分たちの遊びをあみ出して楽しんでいた。それと同じように、「恋愛や結婚というキーワードがなくても楽しい人生を送れる」という人が、そのうえに恋愛や結婚をするからこそ楽しいのだと思う。

だから、恋愛や結婚以外の興味、仕事や趣味において極める何かを持っている人は、素敵だ。

ある女優さんが「いい女になる条件は何か」と聞かれた時、「がまんの数だけ、いい女になる」と答えた。僕も、がまんというのが必要ではないかと思う。いつも楽な方、楽な方とか、おもしろいことなどに流れていくと、魅力的にはならない。時には捨てる勇気も必要だ。

たとえば、最近の女性で言えば、多趣味がいいことだと思って、今日はフランス語、明日はゴルフにお料理教室と、何にでも手を出す人がいる。しかし、本当にやりたいことは何だろうか、と立ち止まって考えることも必要なのだ。

そういう「自分を振り返る」ことをしない女性は、僕から見ると、皆がやっているからとか、暇だからという理由でやっているような気がしてならない。そんなことでは、時間を無駄にするだけだ。

そして、そういう「つまみ食い」ばかりしていると本当にお腹が空いた時がわからないように、自分に本当に必要なものがわからなくなってしまうのではないだろうか。だから、「自分を磨く」とか「自分らしく生きる」というのは、もっとストイックというか、お腹を空かした状態でいなければならないのではないかと思うのである。

別れは「必然」、出会いは「偶然」と考える

「別れ」は必然で、「出会い」は偶然だ。

出会いというのは、出会いたいと思って出会えるわけではなく、多くは運命のいたずらだ。また別れというのは、運命で別れるということはなく、何らかの理由があるから別れるわけだ。この本では、パートナーとの「別れ」についても書いてある。ところが、ほとんどの人たちがそれを自分のせいではない、彼が悪いのではないなどと、別れを美談にしようとする。しかし、実際はどちらかに、あるいは両方に理由があるわけだ。

だから僕は多くの場合、よほどの意志や誤解がない限りは、一度別れたふたりはうまくいかないと思っている。それはお互いに何かが足りなくて、あるいは何かが多すぎて「帯に短し、たすきに長し」だったわけで、そのふたりの関係が、明日から自分の意志で変わるものではない。「私のこういうところを悔い改めるから」などと言ったとしても、結局は変わらないのである。

そして、だからこそ男と女はおもしろいわけだ。男と女はジグソーパズルのようなところがあって、ピースのかたちが違うのに、無理に合わせる必要はない。他に必ずぴったりと合う人がいる。それは、僕はかなりの確信を持って言える。

ピースの数が少ないうえに、自分にぴったりのピースを十個見つけなさいと言ったらたいへんだと思う。だけど、これだけ大勢いる人の中からたった一個のピースだけを探せばいいわけだから、そんなに難しいことではないだろう。

お互いがいちばんフリーな、楽な立場で手足を伸ばした時に、それにぴったり合う人が現われるのだ。グレイも、一度結婚に失敗してしまった後に、理想のカップルになれた例を本書の中でいくつか挙げている。

別れというのは、もっと自分にふさわしい相手を見つけるチャンスだと思えばいい。だから、そこで無理にヨリを戻す必要はないのだと思う。

確かに、別れはつらいものだが……

しかし、別れというものは確かにつらいものだ。では、なぜ別れがつらいかと言うと、人間というのは確かに順応性があるけれど、順応性があるわりには変化に弱いものだからだ。引っ越しをするとか職場が変わるとか、外的要因による順応性はあるが、自分からそれを変えようというのは、なかなかできないものだ。「昨日と同じ明日でありたい」と思うのが人間の本心だからだろう。

だから、決して「その相手」でなくてはいけないわけではないのに、去年のクリスマスのことを思い出したり、一緒に行ったハワイを思い出したり、楽しかった時を思い出すと、なかなか次のステップに進めない。

どうしても同じことをくり返したくなったり、あるいは、彼と別れたらひとりの時間を持て余してしまうだろうという恐れを抱いたりする。

そういう意味でも、日頃からひとりの時間を楽しむことができるようにしておくことだ。相手に寄り添わないと生きていけないというよりも、相手がいなくても十分楽しい人生だ、それにプラスアルファとして、「自分には大切な人がいる」と思った方がいいわけである。

僕はよく失恋した女の子に言う。

「そんなにあなたが今の恋を忘れられないのなら、一生忘れないようにしなさい」

「忘れようと思うから忘れられないので、逆にずっと覚えていなさい、絶対忘れないようにしなさい」

一生、片時も忘れられないような恋（あるいは結婚）をしたのであれば、それはそれで素晴らしいことだと思う。でも、一生その人のことだけを思っているなんて、誰にもできないことだ。

人間というのは、忘れようと思うとなかなか忘れられない。逆に忘れまいとすれば忘れてしまうものなのだ。

だから、無理をする必要はない。「別れ」のつらさは、時が解決してくれるだろうから。

そして別れたら、なるべく早く自分のペースで生活を再開すること。別れたということを、できるだけ多くの友達に宣言することだ。

ほとんどの女性は、「もしや」とか「何か奇跡が起こるのではないか」ということを期待している。「これは一時的な別れであって……」などと自分に言い訳もする。

でも、別れたと皆に宣言してしまえば、自分自身もやがて納得するのである。

どこまで相手を許せるか、それが愛の幅

最後に、「許す」ということについて。グレイは、「許す」とは愛に試練を与えることだと言っている。僕も、「許す」ということこそが、愛だと思う。つまり、言い方を換えれば「愛とは許すこと」だと思う。これはもう、ずっと言い続けていることだが、「その人のことをどこまで許せるか、それが愛の幅」だと思うのだ。

どんなにひどい目にあっても、たとえば、五時間待たされたあげくデートをすっぽかされても、必ず電話するのは愛してる方である。つまり、ものすごく怒っていようが、電話をかけてしまうのは、その電話をかけている方が許してしまっているわけだ。

客観的に見れば、もしくは友達に言わせれば、「そんな人、やめちゃいなさいよ」ということになるだろうけれど、そこを許してしまうのが、やっぱり愛なのだ。

そう考えると愛の原形というのは、非常にマゾヒスティックなものになるだろう。だから、ひどい仕打ちをされればされるほど愛されていると錯覚する人もいるし、「泣かないと恋をしている気にならない」という女の子がいるのは、許すことを重ね

ることで、自分が本当に愛しているという気持ちになれるからだと思う。

でも、最後に言っておきたいのは、確かに「許す」ことは必要だと思うが、決して「都合のいい女」になってはいけないということだ。なぜなら「許される」ことを前提として、ひどいことをする人もいるからだ。

そして、あなたが許してあげた相手が「言葉以外の手段でどのように謝る」かを、見ていてほしい。自分が「許された」方であるときは、「言葉を使わないで謝る」ことの意味を考えてほしい。

言葉では、いくらでも謝れる。でも、それを態度で示したり、言葉以外のもので示すというのは、非常に難しいのだ。

でも、ベスト・パートナーであれば、きっとわかるのではないだろうか。

そして、「愛される女」になるために、この本は何かのヒントを与えてくれるだろう。

なお、本書の訳出にあたっては新美美葉さんにご協力いただきました。また、日本の読者にとってなじみのうすい箇所を一部省略、抄訳したことを記しておきます。

ジョン・グレイ博士《はかせ》の
「愛《あい》される女《わたし》」になれる本《ほん》

著　者――ジョン・グレイ
監訳者――秋元　康（あきもと・やすし）
発行者――押鐘太陽
発行所――株式会社三笠書房
〒102-0072 東京都千代田区飯田橋3-3-1
電話：(03)5226-5734（営業部）
：(03)5226-5731（編集部）
http://www.mikasashobo.co.jp
印　刷――誠宏印刷
製　本――若林製本工場

編集責任者　長澤義文
ISBN978-4-8379-5769-0 C0036

T500034